メトロネットワーク路線図

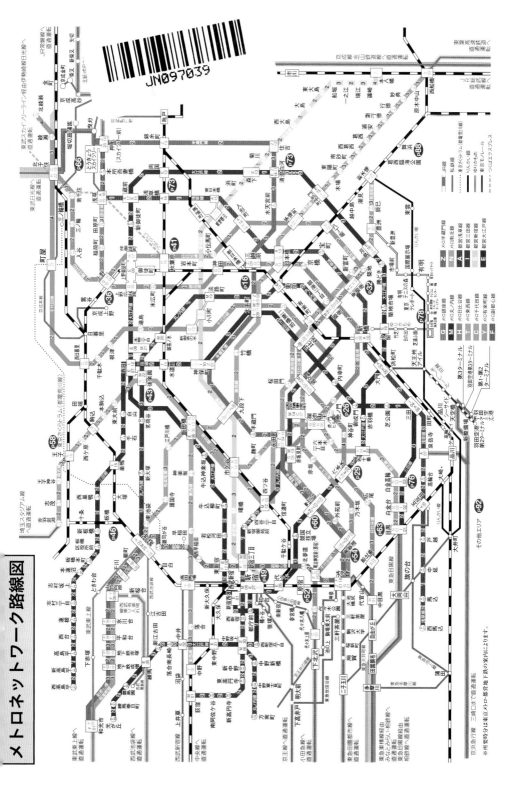

提供:東京都中央卸売市場

赤門 (東京大学)

東京都内 23 区図

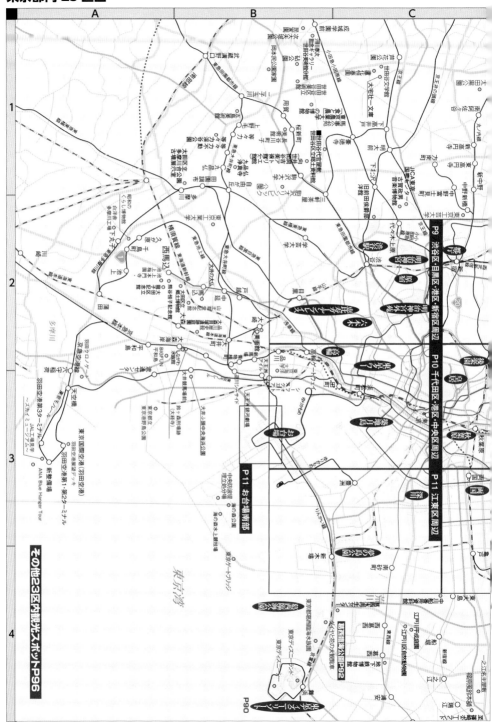

4

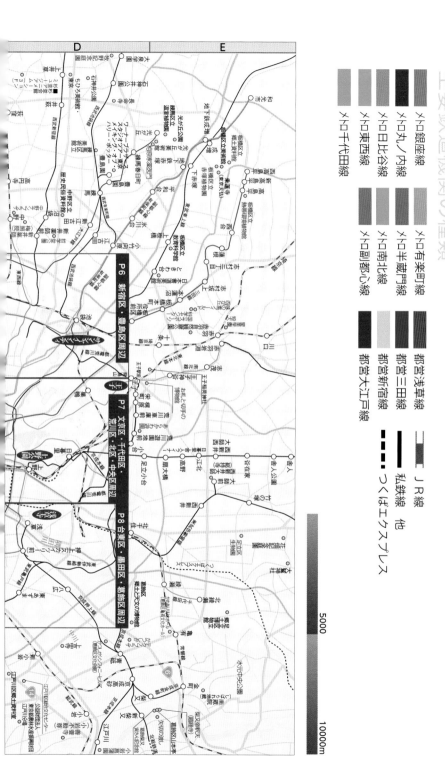

主要鉄道機関の種類

メトロ銀座線
メトロ丸ノ内線
メトロ日比谷線
メトロ東西線
メトロ千代田線

メトロ有楽町線
メトロ半蔵門線
メトロ南北線
メトロ副都心線

都営浅草線
都営三田線
都営新宿線
都営大江戸線

JR線
私鉄線 他
つくばエクスプレス

P6 新宿区・豊島区周辺

P7 文京区・千代田区・荒川区・北区・中央区周辺

P8 台東区・墨田区・葛飾区周辺

5000　10000m

0 原中 1000m

北区 P58

王子 P58

北区

荒川区

文京区

6

8

上野 P36

後楽園 P43

千代田区

秋葉原 P41

中央区

10

A B C

7

綾瀬・青井　小菅
双葉中　共栄学園高
千寿青葉中 北千住　足立学園中
町屋駅前　千住署　千住桜堤中
税務署
堀切菖蒲園　お花茶屋
京成本線　メトロ千代田線
メトロ日比谷線　牛田　堀切JCT　京成本線
新葛飾病院　大道中

北千住

足立区

1

千住大橋　京成関屋　堀切　堀切小　堀切中
中央卸売市場　足立市場　つくばエクスプレス　新荒川橋　堀切菖蒲園　葛飾署
荒川区立　荒川ふるさと文化館　JR常磐線　荒川三中
四ツ木中　葛飾局
素盞雄神社　日光街道　水神大橋　四ツ木中
円通寺　南千住　荒川　葛飾区　渋江公園　平和橋通
三ノ輪橋

荒川区

葛飾区

回向院　東白鬚公園　鐘ヶ淵　梶原病院　四つ木橋　渋江小
延命寺（小塚原刑場跡）　東京ガス　新四ツ木橋　四ツ木
永久寺（目黄不動）　首都高速八号線　桜堤中　四ツ木
306　白鬚橋　八広　木根川橋　449
明治通　八広小　渋江小

2

462　台東区立　一葉記念館　首都高速中央環状線　中川中
462　東武伊勢崎線　上平井大橋
隅田川　第二寺島小　東武博物館　吾嬬第二中

台東区　向島百花園　東向島　449

7　日鷲神社　桜橋中　墨田川高　寺島中
浅草　P66　**浅草**　言問小　京成曳舟　平井運動公園
象牙工芸館　浅草花やしき　曳舟　中村病院
伝統工芸館　江戸たいとう　桜橋　三囲神社　墨田中
伝法院　言問橋　長命寺
浅草　浅草寺　墨田区立　すみだ郷土文化資料館　第四吾嬬小　中川小　立花
浅草公会堂（スターの広場）　とうきょうスカイツリー駅　向島署　平井西小
大蔵院　水上バスのりば　墨田区役所　本所高　旧小山家住宅園　立花大正民家園
雷門　観光文化センター　本所吾妻橋　小村井　安養寺
東京本願寺（本山東本願寺）　都営浅草線　墨田文化　元東京スカイツリータウン　文花中　橘高　吾嬬立花中
田原町　浅草　人形焼　押上　東あずま
稲荷町　蔵前　すみだ水族館　花王ミュージアム　平井
蔵前　エース〔世界のカバン博物館〕　本所中　476

3

墨田区　**亀戸**

6　蔵前　押上　スカイツリー前　東京消防庁　本所防災館　小松川第三中
新御徒町　蔵前橋　本所中　たばこと塩の博物館　大横川　亀戸天神社　小松川第二中
浅草橋　両国橋　大横川親水公園　すみだ江戸切子館　第二亀戸中　中央公園　平井南小
旧安田庭園　東京都復興記念館　すみだトリフォニーホール　佐伯病院　亀戸水神
刀剣博物館　東京都慰霊堂　錦糸中　第一亀戸小
国技館　NTTドコモ歴史展示スクエア　亀戸
相撲博物館　野見宿禰神社　堅川中　錦糸公園　京葉道路
江戸東京博物館　錦糸町　中央学院大　中央高
両国　JR総武本線　14　亀戸中
両国花火資料館　309　両国中高　メトロ半蔵門線　平井南小

両国　**P73**

4

吉良邸跡　柩の博物館　5　深川第七中　猿江恩賜公園　住吉　二大島中　江東ろう　都営新宿線
相撲資料館　墨田住宅センター・建築道具・木組資料館　あすか病院　第二大島小　江東病院　西大島　大島　新大橋通　東大島
浜町　森下　菊川　清澄白河　清澄白河　住吉　11

新大橋

0　1000m

A　**B**　**C**

8

新宿 新宿三丁目 新宿御苑 四ッ谷三丁目 市ヶ谷 四ッ谷

■東京オペラシティ
NTTインターコミュニケーションセンター
■文化学園服飾博物館
新宿 南新宿
6 418
国立競技場
四ッ谷中
民音音楽博物館 **新宿区**

都営新宿線 初台 代々木 千駄ヶ谷 聖徳記念絵画館 信濃町 JR中央本線
国立劇場 宝物殿 国立能楽堂 414 迎賓館 赤坂離宮
■東京乗馬倶楽部 東京体育館 新国立競技場 P60 東京都神社庁 赤坂御用地 赤坂見附・永田町
国立オリンピック記念青少年総合センター 北参道 日本オリンピックミュージアム 319 外苑 明治神宮外苑 TEPIA先端技術館 明治神宮野球場 メトロ半蔵門線 赤坂御用地 4 1

原宿 P52 明治神宮 メトロ副都心線 原宿 明治神宮ミュージアム 414 神宮球場 秩父宮ラグビー場 青山一丁目 246 東京ミッドタウン サントリー美術館 21_21 DESIGN SIGHT 赤坂

代々木八幡宮 明治神宮御苑 ラフォーレ原宿 原宿外苑中 **表参道** 外苑前 青山一丁目 赤坂
渋谷区 原宿 東急プラザ 明治神宮前 乃木神社 413
NHKホール 竹下通り 秩父宮 乃木坂 国立新美術館 六本木 2
代々木上原 青年座 手で見るギャラリーTOM ギャラリー 神宮前 表参道 ストライプハウスギャラリー 麻布十番

東京大学大学院総合文化研究科・教養学部駒場博物館 松濤 Bunkamura 青山学院 根津美術館 岡本太郎記念館 六本木通 412 六本木ヒルズ 森美術館 東京シティビュー テレビ朝日 都営大江戸線
日本民藝館 MAGNET by SHIBUYA109 東急シアターオーブ 渋谷区白根記念郷土博物館・文学館 高陵中 418 **六本木** P29
QFRONT SHIBUYA109 ハチ公銅像 渋谷スクランブルスクエア(渋谷スカイ) 國學院大学博物館 善福寺

渋谷 P55 京王井の頭線 神泉 金王八幡宮 広尾 山種美術館 聖心女子大 有栖川宮記念公園 **港区** 麻布十番 3
東急田園都市線 池尻大橋 鉢山中 代官山 シアター代官山アドレス 恵比寿 明治通 416 白金高輪
三軒茶屋 世田谷公園 自衛隊中央病院 東山 東京都目黒美空ひばり記念館 415 恵比寿ガーデンプレイス・ヱビスビール記念館・東京都写真美術館 聖心女子学院 305 港区立郷土歴史館 白金台 メトロ南北線

420 祐天寺 長泉院附属現代彫刻美術館 目黒区美術館 国立科学博物館附属自然教育園 東京都庭園美術館 覚林寺 八芳園 明治学院大学附属日本近代音楽館 桜田通
中目黒 目黒区役所 317 **目黒** P63 東京都庭園美術館 畠山記念館 味の素グループ高輪研修センター 食とくらしの小さな博物館

目黒区 祐天寺 久米美術館 杉野学園衣裳博物館 喜多能楽堂 目黒 高輪台 4
東急東横線 312 寄生虫館 記念館 418 五反田 **高輪** P76 ユニセフハウス 物流博物館
学芸大学 碑文谷公園 目黒不動尊 林試の森公園 不動前 2 都営浅草線 大崎広小路 317
都立大学 第七中 420 武蔵小山 東急目黒線 戸越 戸越銀座 大崎

0 1000m

9

皇居
7
P16

東京駅
P16

千代田区

中央区

九段下
麹町
市ヶ谷
半蔵門
半蔵門線
メトロ
四ッ谷
青山一丁目
赤坂見附
永田町
赤坂
乃木坂

JCII一番町ビル
日本カメラ博物館
皇居
皇居外苑
二重橋前
JPタワー
KITTE
静嘉堂文庫美術館
東京国際フォーラム

竹橋
神保町
大手町
新丸ビル
東京

日本銀行分館
日本橋
越前
三越
扇の博物館
高島屋

東日本橋
人形町
小伝馬町
下町おもしろ工芸館
水天宮

小木呂前
東京シティエアターミナル
箱崎JCT
6

最高裁判所
衆議院第二議員会館
国会議事堂
衆議院
参議院
国会議事堂前
霞ヶ関
財務省
文部科学省情報ひろば
「消費者の部屋」
農林水産省

桜田門
日本水準原点
法務省
赤レンガ棟

日比谷
日比谷公園
帝国ホテル
帝国ビル
日比谷
有楽町
銀座一丁目
銀座
松屋銀座
東急プラザ

京橋
宝町
国立映画アーカイブ
貨幣博物館
八丁堀

日本橋
茅場町
91
メトロ東西線
永代橋
越中島

日本印刷会館
印刷図書館
中央大橋
ミズノプリンティングミュージアム
ヒアリエストスクエア
石川島資料館
佃一丁目
リバーシティ21
463
大川端

霞ヶ関
赤坂
山王
虎ノ門
金刀比羅宮
虎ノ門ヒルズ
虎ノ門ヒルズ
アークヒルズ
アーク森ビル
谷町JCT
テレビ東京
サントリーホール
大倉集古館
泉屋博古館分館
神谷町
六本木一丁目
六本木
ニノ橋JCT

ZUKAN MUSEUM GINZA
304
東銀座
歌舞伎座
ADK松竹スクエア
松竹大谷図書館
新橋演舞場
築地
築地本願寺
P32

中央区立郷土資料館
中央区役所
聖路加ガーデン
聖路加タワー
佃大橋

銀座中
築地市場
築地場外市場
西仲通り商店街
(月島もんじゃストリート)
月島
メトロ有楽町線
豊洲

東京タワー
P26
御成門
NHK放送博物館
警視庁交通管制センター
15
日本アセアンセンター
自動車図書館
神谷町
外務省
外交史料館
メトロ南北線
麻布十番
六本木
博品館
TOKYO PARK
新橋
旧新橋停車場
鉄道歴史展示室
愛宕神社
気象科学館
日本の酒情報館
SAKE PLAZA
内幸町

汐留
日テレ社内見学
浜離宮恩賜庭園
パナソニック汐留美術館
カレッタ汐留
アド・ミュージアム東京
広告図書館
豊海小
月島署
勝鬨橋
都営大江戸線
勝どき
晴海中
晴海アイランド
トリトンスクエア
晴海橋
晴海

港区
9
2
都営三田線
三田
301
田町
409
三田中
1
白銀高輪
415
赤穂義士記念館
泉岳寺

増上寺
芝大神宮
芝公園
大門
浜松町
JR東日本アートセンター
自由劇場
竹芝
浜松町
浜崎橋JCT
シーバンス
日の出
130
芝浦JCT
東京モノレール
1
芝浦ふ頭
芝浦小

赤羽橋
レッドトーキョータワー
東京タワー
芝公園
東京都人権プラザ
91

晴海運動公園

晴海ふ頭公園

東京港

0   1000m

11

東京都中央卸売市場
豊洲市場
市場前
新豊洲
豊洲
有明

お台場
P78
有明テニスの森
スモールワールズTOKYO
有明テニスの森公園
虹の下水道館
有明スポーツセンター
有明JCT
東京都水の科学館

レインボーブリッジ
ゆりかもめ
11

デックス東京ビーチ
東京ジョイポリス
台場一丁目商店街
レゴランド・ディスカバリーセンター東京
マダム・タッソー東京
アクアシティお台場
お台場海浜公園
港陽小
台場公園

高輪ゲートウェイ
JR山手線
東海道本線
京浜東北線
東海道新幹線
316
城南中
東京海洋大学
マリンサイエンスミュージアム
食肉市場
品川インターシティ
東京海洋大

京浜運河
天王洲銀河劇場
シーフォートスクエア
天王洲アイル

りんかい線

フジテレビ本社ビル
台場
カワサキロボステージ
東京テレポート
ダイバーシティ東京プラザ
うんこミュージアムTOKYO
自由の炎像
(お台場海浜公園)
プロムナード公園
潮風公園

青梅
テレコムセンター

東京ビッグサイト

品川
北品川
新馬場
大井町
天王洲アイル
大井競馬場前

A   B   C

序

　徳川家康が江戸幕府を開いて以来、東京はわが国の首都であり続けています。日本の総人口の約一割の人々が集まる大都市・東京は、政治や経済の中心であり、また京浜・京葉工業地帯の中核でもあります。そこでは、教育・文化施設といった様々な第三次産業が集約し、まさに進化し続ける都市といえるでしょう。

　現在に続く東京の歴史を振り返ると、康正2年（1456）太田道灌が江戸に城を築き、天正18年（1590）徳川家康が江戸城に居を移したことにはじまります。元々関東支配の重要拠点ではありましたが、家康の頃は城下町ともいえない寒村でありました。

　そんな江戸も家康・秀忠・家光の三代を経るうちに、日本一の巨城・江戸城が築かれ、海の埋め立てで市街地が造成され、旗本や諸大名の邸が立ち並ぶ将軍家のお膝元の城下町と発展します。特に参勤交代は、幕藩体制の中心地として地位を固める大きな要因となったでしょう。やがて明治維新を迎え、江戸幕府が終わっても、現在に至るまでわが国の首都であることは変らず、わが国の最大都市として益々巨大化の道を歩んでいます。こうした発展には、度重なる大火や災害、第二次大戦末期の戦災、さらに明治以降の急速すぎる近代化と都市再開発などにより、都市としての個性が失われていく側面もありました。

　現在、世界有数の大都市となった東京は、大き過ぎるゆえの問題を抱えるようになりました。ヒトやモノ、システムが東京だけに集まり過ぎたのです。東南アジア・一国のGDPに匹敵する東京都の都内総生産。行政府は勿論、中央官庁も全て東京。増えすぎた人口や工業は、公害の発生や自然の消滅といった環境問題を引き起こしています。一極集中し過ぎた現状は、大災害による首都機能の喪失を想像させ、首都機能移転論まで出てきています。

　一方で、多種多様な文化施設には、国の内外や分野を問わず、いずれも一級品とされる貴重な文化財が集中し、さらにかつての産業革命にも匹敵するとされる、いわゆるIT、その先端に触れられる施設が数多くあり、またそれらに接するに最も便利な都市であることも事実です。

　本書でとりあげるのは、地理的には首都機能の集中するJR山手線の内側を中心に、それ以東、さらに臨海副都心を中心とする周辺部分です。東京を包括的に語ることは難しく、本書の物件解説はほんのアウトラインを示したに過ぎません。首都・東京の今日の姿、「現在我々が眼にすることができる」メガロポリスの一側面を、散策の際の目安としていただければ幸いです。

1. 縄文・弥生

　先史時代、東京の下町のあたりは海底に沈んでいました。長い年月の内に海岸線は徐々に後退して行き、江戸時代の海岸線になったのは約2000年前。関東平野一帯に人々が住み始めたのがBC8000～5000年頃とされ、海岸線を追うように貝塚などの痕跡が残っています。

　縄文晩期BC3世紀頃になると、大陸や半島からの影響を受けたと思われる農耕・金属文化が徐々に浸透し、関東平野一帯にも縄文から弥生期への移行がはっきりと見てとれます。ちなみに弥生時代という名前は、文京区本郷弥生町から出土した土器が由来です。

2. 古代

　東京の旧い地名を武蔵国といいますが、大和朝廷の律令制に基づいて設けられた行政区分です。現在の都内には1000程の古墳があり、発掘される鏡や勾玉、武具、円筒埴輪から、4～5世紀には大和地方や日本海文化圏との強い繋がりがあったと考えられています。

　本格的な開拓は7世紀の末頃からで、日本書紀に「百済からの民を武蔵国に置いた」という記述がみられます。以降も高句麗、新羅からの人々が数多く移り住み、農耕や牧畜、機織り、鍛冶、養蚕などの高い技術を開拓に発揮しています。逆に言えば、この頃には渡来人たちの高い技術を受け入れるだけの社会・文化的な水準があったといえるでしょう。

3. 武士団の登場

　武蔵国から朝廷へは紫草、茜草・馬などが献上されていました。良馬の産地として特に重要視され、朝廷の勅旨牧が置かれ、直轄の役人・別当がその任に当たっていた程です。やがて律令政治はほころびをみせ、各地の別当職も地方の豪族に握られ、武士団が形成されるようになりました。武蔵国では、桓武平氏、秀郷流藤原氏、清和源氏らが勢力を拡大させ、承平5年（935）、平将門の乱が勃発するなど、平氏源氏入り乱れた戦いが頻発します。しかし、歴史の中心は平安京。はるか東の出来事が大きな意味を持つのは鎌倉幕府成立の頃からでした。

4. 鎌倉政権

　こうした勢力争いの結果、関東地方に対する源氏の勢力は強固なものとなってゆきます。特に注意すべきは源頼義・義家父子。前九年の役（1051～62年）と後三年の役（1083～87年）を制した彼らは、坂東武士との間に強固な主従関係を築き上げ、のちの鎌倉幕成立の要因となりました。

　源頼朝が伊豆で平氏打倒の挙兵を行ったのは治承4年（1180）、鎌倉幕府成立が建久3年（1192）。当時、江戸は江戸氏の治める地域です。江戸氏は平氏の流れを汲みますが、頼朝方に付き活躍しています。江戸氏の隆盛は約200年続き、江戸の基礎を築くことになります。

5. 南北朝・室町時代の関東

　新田義貞によって鎌倉幕府が倒され、建武の新政が樹立。その後、足利尊氏が離反し、建武2年（1335）足利尊氏が京都に室町幕府を開きます。結果、関東で新田軍が再び挙兵、足利氏と対峙を続けますが、延文3年（1358）、新田義興が尊氏の子・基氏に、矢口の渡で謀殺されたのを機に衰退してしまいます。

　以後、関東地方は、関東管領に任じられた上杉憲顕の家系を中心に動きはじめますが、室町幕府の威信が弱まると、各地の守護大名は戦国大名の性格を持つようになり、築城が盛んに行われます。ここ関東でも扇谷上杉家の執事、太田資清の子、太田道灌が康正2年（1456）に江戸築城をはじめ、翌年に完成しています。

6. 家康の江戸入城

　戦国時代の関東は、伊豆に興った後北条氏の武蔵進出と、上杉氏の対峙ではじまりました。小田原に居城を構えた北条早雲、その子・氏綱の代になると徐々に武蔵に進軍を開始し、上杉勢を敗走させ、後北条氏が武蔵一帯を勢力下に置くようになります。天正18年（1590）、豊臣秀吉が全国統一に乗り出したとき、最後に残された対抗勢力が、この後北条氏です。しかし徳川家康、前田利家、上杉景勝らの率いる大軍の前に、関東の諸城はほとんどなす術もなく落城。北条早雲の小田原入城以来、100余年続いた後北条氏の関東支配が終わりを告げたのです。後北条氏の滅亡後の同年、秀吉は家康の領地であった駿河・三河・遠

江・甲斐・信濃の5ヵ国と引き換えに、関東への移封を命じます。天正18年7月5日、小田原城の落城から1ヶ月も経たない8月1日（八朔の吉日）、徳川家康は家臣団とともに、関東240万石の経営にのりだすべく江戸城に入城しました。

7. 江戸の都市計画

　江戸は元々、海の底でした。家康が入った頃も、低地部の多くは湿地帯で、江戸城の目の前まで日比谷の入江が来ていました。井戸を掘っても塩分が多く、飲料には適しません。都市として発展するためには、水系を整え、運河を開削し、飲み水のために上水を整備する必要があり、ついには山を切り崩しての埋め立てまで行われました。

　これらは大変な大工事でしたが、最初の神田上水は家康の生前にほぼ完成、有名な玉川上水も承久3年（1654）には完成しています。こうした工事の結果、多くの河岸（川舟の着岸場）が生まれ、700といわれる多くの橋がかけられました。また、参勤交代制が実施されると、各大名屋敷の建設と市街地の拡張が行われ、江戸城完成の寛永年間（1624〜43）には、日本橋を中心に約300町にも達したといわれます。

　発展を続ける江戸に起きたのが明暦の大火（1657）。天守閣をはじめ、市街地の60%以上が焼け野原となったとされます。これがきっかけになり、災害対策を中心にした都市計画が練られ、江戸は復興されていきました。武家地・町地・寺社地が区分され、火除堤・広小路・火除明地などの防火地帯が設けられ、寺社地や町人の強制移転が行われ、江戸の市街地は更に拡充されていきました。江戸の市街地の拡充と人口の増加は、享保7年（1722）の推計で、町数1,672、武家人口約50万、町人人口約50万の計100万人。ちなみに17世紀末のパリで50万人、ウィーンでは13万人でした。徳川300年の治政の後、明治維新の激動を経て日本は近代国家へと大転換を遂げ、江戸もまた、東京へと名を変えました。

8. 人口の急増と関東大震災

　新政府の首都は東京「府」。政府の中央集権的な性質から、江戸時代以上に情報や消費人口が集中することとなります。東京の人口は、明治41年（1908）に187万余、大正9年（1920）約270万に急増しますが、都市計画は追いつきません。大正12年（1923）9月1日、関東大震災の悲劇は、そのひとつの結果ともいえるでしょう。死者およそ10万人、45万戸が焼失し、生活のインフラは完全に破壊され、戒厳令が敷かれました。

　この震災をきっかけに都市に変化が見られました。人々が旧江戸エリアから外部へと流出し、「東京」が拡大されたのです。昭和7年（1932）には、現在の23区エリアに拡張されています。

9. 東京大空襲

　大震災の余韻も覚めぬ中、昭和4年（1929）、アメリカに端を発した大恐慌の波が打ち寄せます。社会・経済不安が軍部の右傾化に拍車をかけ、日本も第2次世界大戦の一方の当事国となってしまいます。東京「都」が誕生したのは昭和18年（1943）、そんな最中です。

　日本の敗戦が色濃くなった、昭和20年（1945）3月、アメリカ軍の大型爆撃機B29約300機によって、東京の街はその50%を焼失。この通常爆弾による死傷者は10万人以上、20万人にも達するという資料すらあります。

10. 戦後の復興

　焼け野原からの復興に当たって、「戦災復興計画」が立てられましたが、予定通りには実現せず、現在に至るまで都市機能の矛盾を残しています。昭和33年（1958）には東京タワーが完成し、ビルの高層化、昭和39年（1964）の東京オリンピック開催と、復興を遂げ高度成長を見せた一方で、人口過密や公害問題、ごみ処理問題をはじめとした様々な問題を抱え、現在に続いています。

　新都庁舎開庁（平成3・1991）、レインボーブリッジ開通（平成5・1993）、東京ディズニーシー開業（千葉）（平成13・2001）、東京スカイツリー開業（平成24・2012）、さらには2021年の東京オリンピック……。今や東京は、日本の総人口の約11.1%、約1,400万人が住む地域で、近隣県とともに首都圏を構成し、政治・経済・文化などの面で高度な都市機能の集積を有しています。

この散策＆観賞東京編は
東京修学旅行・校外学習テーマ決めに最適!!

都内研修・修学旅行ワークブック東京編の採用物件を中心にセレクト!

皇居周辺　地図 P10

近世から現代に至るわが国の首都・東京。その政治・経済の中心機構が、旧江戸城（皇居）の南部と東部、霞ヶ関・丸の内・大手町に集中している。北部では広大な敷地を持つ北の丸公園が安らぎのスポットとなっている。

「蒙古襲来絵詞」部分
三の丸尚蔵館蔵

三の丸 尚 蔵 館
地図P7B4
P110参照（皇居東御苑内）

　皇室に代々受け継がれた絵画・書・工芸品などの美術品類が平成元年（1989）、国（宮内庁）に寄贈されたのを機に、これら美術品を環境の整った施設で大切に保存・管理するとともに、調査・研究を行い、併せて一般にも展示公開することなどを目的として皇居東御苑内に建設され、平成5年（1993）に開館。その後、故秩父宮妃や香淳皇后の遺品、平成26年（2014）には三笠宮家が所有していた品々が国に寄贈され、現在約9,800点余の美術品類が収蔵されている。平成29年5月には入館者は600万人を超えている。収蔵作品の「蒙古襲来絵詞」は、文永11年（1274）と弘安4年（1284）の二度にわたる元寇の際、その戦いに出陣した肥後国御家人の竹崎季長を中心に展開する絵巻である。
※令和5年（2023）秋に新施設が開館予定

二重橋　© TCVB

皇居（一般参観）

地図 P10A1　P109 参照

　康正3年・長禄元年（1457）太田道灌によって最初にこの地に城が築かれ、慶長8年（1603）に江戸幕府が開かれると、幕府の本城として本格的な城の建設が始まった。以後、家康・秀忠・家光の3代にわたっての工事で大城郭が完成している。その城郭の周りには内堀が掘られ、初期の江戸市街を囲む外堀も設けられた。外堀は現在の千代田区の外縁とほぼ重なる大きさである。明治に入り皇居となり、明治21年（1888）に「宮城」と名付けられた。昭和23年（1948）、宮城の名称が廃止され、現在のように「皇居」と呼ばれるようになった。江戸城は数度の火災に遭い、今では数棟の櫓、城門、内郭の濠や石垣にかつての面影を残すのみである。総面積約115万㎡の広大で緑豊かな皇居内には、天皇皇后両陛下の住居である御所をはじめ、正殿、豊明殿、連翠、長和殿、千草・千鳥の間など7つの棟から構成された、国賓等の接伴や国の公の儀式・行事などに使われる「宮殿」、「宮内庁庁舎」などがある。申し込めば、指定された手続きを経て、ガイドによる皇居内の一部を参観できる。参観コースから見える建物には宮殿、宮内庁庁舎ほか、現在の国会議事堂のモデルになった建物といわれる元枢密院庁舎や、江戸城の本丸の建物の中で現存する貴重な遺構となっている富士見櫓などがある。

皇居東御苑

地図P7B4　P109 参照

　皇居造営の一環として、皇居東地区の旧江戸城の本丸・二の丸・三の丸の一部を整備し、昭和43年（1968）に皇居附属庭園として完成一般公開されている。面積約21万㎡の庭園には、草木が豊かに植栽され、二の丸菖蒲田のハナショウブをはじ

め、本丸西側のバラ園、二の丸池のアサザなど、シーズンには色鮮やかな花を咲かす。また、ここでは明暦の大火で焼失し、再建されることがなかった天守閣の跡、江戸城最大の検問所百人番所、江戸城の正門というべき大手門、小堀遠州作と伝えられる庭園など、かつての栄華を伝えるポイントも多い。忠臣蔵でお馴染みの赤穂浪士討ち入り事件の原因となった松の大廊下の跡に記念碑もあり、歴史好きの方にもオススメのスポットとなっている。なお、令和元年（2019）の年間入園者数は2,238,233人と過去最高を記録した。

北の丸公園

地図P7A4 P108参照

北の丸公園大手門　©TCVB

元は江戸城北の丸で、御三卿の田安家（千鳥ヶ淵側）と清水家（清水堀側）の屋敷があった。昭和44年（1969）、旧近衛連隊の跡地を森林公園として整備し、一般に開放した。総面積19万3,000㎡の苑内には、武道館、**科学技術館**、**国立近代美術館**、国立公文書館等の施設があり、散策に最適。緑が多く、四季の表情が豊かで、早春にはマンサクの花、ウメの花、続いて桜が咲き始め、新緑の季節には、ハナズオウが見事。夏が近づくと、林の中では夏鳥がさえずり、セミ・トンボ類など多くの昆虫類が生息する。秋は紅葉も鮮やかで、10月頃になると、お濠にやってくるたくさんのカモを間近に観察することができる。

科学技術館　科学技術

地図P7A4 P108参照

昭和39年（1964）に（公財）日本科学技術振興財団により設立された、日本最大の理工系博物館。北の丸公園の中にある5階建ての建物は、星をイメージしたデザインの外観で、上から見ると「天」という字に見えるユニークな外観となっている。

我々の身近にある科学の不思議と仕組み、その科学を利用して発展させてきた技術をさまざまな展示とワークショップによって紹介している。展示は見る・触れる・体感するなど参加体験型のものが多くあり、自分の知識や興味に応じて楽しみながら科学と技術に興味・関心を深められる内容となっている。特に4、5階にある展示室「ＦＯＲＥＳＴ」では、人が入ることができる大きなシャボン玉を作る装置がある「**ワークス**」や、様々な錯覚・錯誤の体験ができる「**イリュージョン**」など9つの展示室がありオススメである。

2階展示室には自動車の操作や原理・安全を体験でき、そこからものづくりについての学ぶ機会を生み出す「**ワクエコ・モーターランド**」、3階展示室には核分裂で発生した熱を使って発電している原子力発電の仕組みを展示している「**アトミックステーション　ジオ・ラボ**」、4階展示室では模型を使った地震対策プログラムなどをワークショップ形式で学べる「**建設館**」があり、今現在、我々の国が直面している問題にも焦点を当てられる施設となっている。

東京国立近代美術館（**本館**）
地図P7B4 P114参照

昭和27年（1952）、中央区京橋に開設。昭和44年（1969）現在地に移転。展示室は、企画展ギャラリー、ギャラリー4、所蔵品ギャラリーなどに分かれている。絵画・彫刻・水彩画・素描・版画・写真など、13,000点を超える美術作品を所蔵。特に近代は、横山大観作「生々流転」などの重要文化財や、古賀春江「海」、東山魁夷「道」など、豊富なコレクションを誇る。所蔵作品展「MOMATコレクション」では約200点の作品を、時代ごとに章分けして構成、展示しており、明治中期から現代に至る日本の近代美術の流れが概観できる。年4～5回大きな展示替があるほか、会期ごとに特集展示や、多様な角度から所蔵作品に光をあてている。学生を対象としたスクール・プログラムも充実しており、展示概要やマナー・楽しく観るためのヒントなどを学べるようになっている。

ワクエコ・モーターランド

建設館

農林水産省「消費者の部屋」 政治・経済
地図P10B2 P117 参照

わが国の安全な食料の安定供給や食の市場の拡大、水田や畑、森林、海などの環境保全、農山漁村の振興を目的とした日本政府の行政機関の一つ。その仕事は多岐にわたり、食品選びの目印といえる食品表示ルールの整備や、農業就業人口減少に対して新しい農業の担い手の育成と農地の有効活用にも取り組んでおり、近年の日本食ブームの広がりによる日本ブランドの新食品の開発や輸出にも力を入れている。また、国産木材の使用促進や、水産資源の保全・回復などの取組も行っており、食と環境といった我々の生活に密接に関わっている役割といえる。「消費者の部屋」では農林水産省の仕事を分かりやすく紹介するとともに、食生活や農漁村など幅広いテーマを取り上げた特別展示を行っている。

信託博物館 政治・経済
地図P10B1 P112 参照

信託とは信頼出来る人に財産などを託すこと。館内では大型映像モニターでその仕組みを分かりやすく紹介する「ガイダンスシアター」や、中世のイギリスより仕組みが誕生した歴史と発展を『チャールズ・ディケンズの遺言』などの実物の資料を用いて分かりやすく紹介する「信託の歴史ゾーン」がある。明治時代の終わりには日本にも信託の制度が導入され、戦後の高度経済成長期に多様な信託商品が開発され、我々の生活に密接に関りをもつものとなった。ここはその信託をより身近なものとして学べる施設となっている。

また、信託と縁の深いピーターラビット™の絵本の世界を旅して写真を撮れるコーナーや、信託博物館とピーターラビット™のオリジナルスタンプコーナーも楽しめる。希望すれば、館内の案内、信託についてのミニ講義や職場見学とセットにした金融教育プログラムを受けることができる。(事前予約制)

ディケンズの遺言
FW&Co.,2020

丸の内駅舎
地図 P10B1

大正3年(1914)に辰野金吾設計により創建された東京駅丸の内駅舎は、昭和20年(1945)の戦災で破壊され、3階建てを2階建てにするなどたびたび復興工事が行われていたが、平成15年(2003)に国の重要文化財に指定されたことで本格的な保存復元が決まった。平成24年(2012)10月、約5年にわたる保存・復原工事を経て、ドーム型屋根を備えた「赤レンガ駅舎」が東京駅に再びオープンしている。外観や内装も残存していたものを可能な限り保存した作りとなっており、レンガや壁面装飾レリーフ、南北ドーム見上げ装飾など創建時の古写真と文献類の記述をもとに復元している。

国会議事堂（参議院） 政治・経済

地図P10A1 P110 参照

　選挙によって国民から選ばれた国会議員が日本の将来のため重要な話し合いをする場所となっている。我が国最初の国会議事堂は、明治23年（1890）の第1回帝国議会のため、現在経済産業省のある区画に建設され、現議事堂は大正9年（1920）から当時のお金で約2,570万円と17年の歳月を費やして、昭和11年(1936)に完成した。同年12月の第70回帝国議会から使用され、第二次大戦後の衆・参両院制への変革を経て、文字どおり我が国の議会政治の殿堂として運営されている。議事堂内の真ん中に位置する中央広間は装飾が美しく施されており、2階から6階までが吹き抜けになっている。また、ここには議会政治の礎を築いた大隈重信、板垣退助、伊藤博文の銅像が置かれており、この中央広間を境に左側が衆議院、右側が参議院に分れている。見学は両院で行われている。

中央広間

見学案内

一般の見学は、衛視が本会議場傍聴席、御休所、皇族室、中央広間、前庭などを案内する。

【時間・休日】一般の見学は、平日の9時～16時までの毎正時（①9時、②10時、③11時、④12時、⑤13時、⑥14時、⑦15時、⑧16時）（土、日、休日、年末年始は休み）所要時間約60分。ただし、本会議が開かれる日は開会予定時刻の1時間前から散会まで見学不可。

【申込み方法・連絡先】直接、「参議院参観受付・入口」にある窓口へ申込。10名以上の見学の予約は3ヶ月前より受付。03-5521-7445（警務部傍聴参観係）/03-5512-3939（サービスホン）

《参議院特別体験プログラム》

国会を訪れた子どもたちが、委員会・本会議での法案審議をロールプレイ形式で模擬体験し、国会についての理解を深める参加型のプログラム。

【時間・休日】平日の9時30分～、11時～、13時～、14時30分～の1日4回。プログラムと国会議事堂（参議院）見学を合わせ所要2時間。

【対象年齢・人数】小学校5年生～中学校3年生の10名以上の団体。

【申込み方法・連絡先】3ヶ月前から電話にて予約申込み。03-3581-3100（参議院テレホンサービス）。

衆議院事務局 憲政記念館 ※代替施設 政治・経済

地図P10A1 P109 参照

憲政の歩みコーナー（建て替え中）

　昭和45年（1970）、わが国が議会開設80年を迎えたことを記念して、昭和47年（1972）に開館。国会や選挙についてクイズ形式で学べる「憲政プラザ」や議会思想が移入された幕末から今日までの憲政の歩みを映像で見る「憲政史シアター」、衆議院本会議場の一部を再現した「議場体験コーナー」、明治維新からの文書・写真を見ることができる「憲政の歩みコーナー」など、憲政の歴史と仕組みが分かりやすく説明されている。また、憲政功労者の遺品・写真・関係資料などを常設展示するほか、企画展も年数回開催されている。

ノーベル賞コーナー

給食レプリカ

警視庁（本部見学） 防災
地図P10A1 P109 参照

　警視庁本部が学習、見学できる。平成13年（2001）開講の「ふれあいひろば　警視庁教室」では、主に小・中学生を対象に映像を通して、MC（司会者）やCGのピーポくんと一緒に、クイズやアンケートを交えて、警視庁の活動や、交通安全、非行防止、薬物乱用防止、ネット犯罪防止についてビデオで学ぶ。高校生以上には、警視庁の活動を紹介するビデオを放映。「警察参考室」では、明治以降の歴史的な事件など警視庁に関係ある貴重な資料のほか、現在の警察の活動を学ぶ資料を展示し、記念写真撮影も楽しめる。また、「通信指令センター」では、大型表示装置の東京都全域地図をベースとして、110番受理台、無線指令台など、110番を受理している様子が見学できる。

文部科学省情報ひろば 　政治・経済

地図P10A1 P118 参照　※編集時点でリニューアル休館中。再開についてはHPを要確認

　日本政府の行政機関の一つである文部科学省は教育・科学技術・スポーツ・文化などの分野において人材育成や振興などの総合的な推進を図る機関である。「情報ひろば」は6つの展示室に分かれており、「**教育**」では教育政策の歴史や、学校教育をはじめとする教育施策の説明パネルを展示、また、明治から現代までを振り返る教室型のミニシアター、歴代給食のレプリカ等を展示している。その他にもスポーツ政策の歴史や現在の取組をパネルで紹介する「**スポーツ**」や、ノーベル賞コーナーなど江戸時代から現代までの科学技術・学術政策の歴史を振り返る「**科学技術・学術**」の展示がある。また、創建当時、昭和8年（1933）の姿に復原された「旧大臣室」なども見学することが可能だ。

見学案内
ビデオ視聴などで文部科学省の仕事内容の説明（所要時間：約20分） 記者会見室・執務室等の見学（所要時間：約10分）※都合により見学できない場合もあり 情報ひろばの見学（所要時間：約30分） **【休日・時間】**平日のみ1日2回（10時〜、13時半〜）　所要30分〜1時間程度 **【対象人数】**小学生・中学生・高校生等で文部科学省の仕事内容などに興味のある方。 　　　　　　1回の見学につき2〜20名 **【申込み方法・連絡先】**見学希望日の3か月前から1か月前までに予約（児童・生徒 　　　　　　本人による予約。学校からの見学申込書・依頼状が必要）　03-5253-4111（代表） 　　　　　　（予約受付窓口）大臣官房総務課広報室事業第二係

昭和館 　戦争と平和

地図P7A4 P111 参照

銃後の備えと空襲

　第二次世界大戦の頃の日本人は、どんな生活を送り、どんな苦労を経験してきたのだろうか。平成11年（1999）オープンのこの館は、主に戦没者遺児をはじめとする戦没者遺族が経験した戦中・戦後（昭和10年頃から昭和30年頃（1935〜1955）までをいう）の国民生活上の労苦についての歴史的資料・情報を収集、保存、陳列している。各階ごとに当時の生活用品や写真、映像、音楽、図書があり、それを見たり調べたりすることで当時の暮らしが理解できる。また、防空の道具や工夫についてゲームコントローラーを使って遊ぶ「和田君の防空探検」や、当時多くの子どもたちの主な仕事だった「米つきの体験」ブースなどが設置されているなど、より理解しやすい展示となっている。学校団体（20〜30名程度）で予約すると説明員が常設展示室を解説しながら案内してくれる。

日本銀行（本店見学） 政治・経済

地図P7B4 P116 参照

写真提供：日本銀行　外観（左）　旧営業場（右）

　明治15年（1882）、現在の日本橋箱崎町で開業、同29年（1896）に現在の日本橋本石町に移転した。日本銀行は、日本の中央銀行として金融政策の運営、金融システムの安定に向けた取り組み、決済に関するサービスの提供、銀行券の発行、国庫金・国債の取扱いなどの業務を行っている。建物は赤レンガ造りの東京駅を設計した辰野金吾による西洋式建築で、国の重要文化財に指定されている「**本館**」、「**旧地下金庫**」、「**旧営業場**」や、アメリカ製の計算器などの日本銀行関連の多様な史料を展示した「**史料展示室**」などが見学案内で見る事ができる。

見学案内

日本銀行紹介ビデオ上映（約10分）、店内見学（約50分）
【時間】平日のみ。①9時30分〜、②11時〜、③13時45分〜、
　　　　④15時15分〜　所要時間約60分
【対象年齢】小学5年生以上（ただし小学生は保護者の同伴が必要）
【申込み方法・連絡先】希望日の3ヶ月前から1週間前までにHPにて要予約
　03-3277-2815（情報サービス局見学受付、受付9時30分〜16時30分）

貨幣博物館（日本銀行金融研究所） 政治・経済

地図P10A1 P108 参照

　昭和60年（1985）、日本銀行創立100周年を記念して開館。平成27年（2015）11月にリニューアルオープン。展示室では、「和同開珎」や明治18年（1885）に発行された最初の日本銀行券「大黒札」などの貴重なお金の実物や関連資料約3千点が、古代、中世、近世、近代と時代順に展示されており、通貨の歴史、役割、文化、社会との関わりなどを学ぶことができる。また、1億円や千両箱の重さ体験、記念撮影スポットのほか、さまざまな記念スタンプ等もそろっており、来館者により分かりやすく、楽しめる展示を行っている。火曜・木曜の午後1時30分からは、職員による展示解説も行っている。

和同開珎（708年発行）

大黒札

最高裁判所　HPより転載

最高裁判所 政治・経済
地図P10A1 P110 参照

　司法機関として憲法に定められた最高の国家機関。事件で高等裁判所で行われた裁判の結果に不服な当事者から提出される上告や、違憲を理由とする特別の抗告に対して裁判権を有している。最高裁判所の判決は覆す。審理及び裁判は15人の裁判官で構成する大法廷と、5人づつで構成する3つの小法廷で行われ、事件はまず小法廷で審理され、法律、命令、規則又は処分が憲法に違反していないかを判断する時は、大法廷で審理及び裁判をする事になっている。

　最高裁判所の大法廷内は見学する事もでき、係員の説明も受けられる。

見学案内

【学校団体見学コース案内】
中学校、高校、大学、専門学校等を対象に大法廷を見学するツアー
【見学実施日・時間】
祝日を除く毎週火・木曜日（都合により見学を実施しない日もあり）
①9時半　②11時
③13時15分　④14時45分
所要時間40分
【対象人数】100名まで
【申込み方法・連絡先】
見学希望日の3ヶ月前の月の第一水曜日から電話受付
03-3264-8151（広報課）

取材や校閲など新聞社の仕事を学ぶことができる

校閲記者の仕事を学ぶ「校閲体験」の様子

読売新聞東京本社　マスコミ

地図P7B4 P110 参照

　洋学者であった子安 峻 らが明治3年（1870）横浜に日本最初の活版印刷所「日就社」を設立、東京に本社を移転した後の明治7年（1874）11月2日に第一号を創刊。当初発行部数はわずかであったが、漢字教育を受けていない一般大衆のためのふりがなを施した新聞が人気を集めた。現在では「ギネスブック」が認定する世界一の発行部数を誇り、日本を代表する一般大衆向けの新聞社となった。社名は江戸時代の瓦版売りを意味する「読み売り」に由来する。ここでは取材や校閲など、新聞記者のさまざまな仕事を学ぶことができる。

見学案内

　見学内容は、「会社案内ビデオ鑑賞」、「編集局見学」、校閲記者の仕事を学ぶ「校閲体験」など。見学や体験内容を通じて、新聞制作に多くの人が関わっていることを学ぶ。当日の朝刊1面に参加者の写真を入れ込んだオリジナル紙面を見学終了時に配布している。

≪編集局見学≫※編集時点休止中

　新聞制作の中心部で、取材と記事執筆を担当する編集局の中に入って見学を行う。紙面の方針を決める「編集会議」が行われる場所を見学するほか、記事を執筆する記者やデスクの様子を間近で見るなどして、緊張感あふれる新聞制作の最前線の様子を肌で感じ取る。同行する案内スタッフが、新聞社の取材体制や新聞の紙面構成などの説明を行う。

≪校閲体験≫

　記事の最終チェックを行う校閲記者の業務を学ぶ。記事の中の誤りを見つけるクイズに取り組み、誤字脱字など単純な誤りだけでなく、言葉の使い方や事実関係の確認など、記事の中身にまで踏み込んで点検する校閲記者の業務を体験する。新聞制作には幅広い教養と正しい日本語の知識、スピードが必要なことを学び、新聞記事の信頼性の高さを実感できる。

【対象年齢・人数】小学4年生以上、1回あたり2～60人（引率者含む）

【時間】午前10時半～、午後2時半～の1日2回。所要時間60分※土日祝、年末年始を除く

【連絡先・申込み方法】TEL：03-6739-5878　※見学希望日の2週間前の午後5時までに要予約。無料

しょうけい館2階展示室（常設展）

しょうけい館（戦傷病者史料館）　戦争と平和

地図P7A4 P111 参照

　厚生労働省が戦傷病者等の援護施策の一環として、戦傷病者等が体験した戦中・戦後の労苦を後世に語り継ぐ施設として開館。

　1階では戦地で受 傷 病 時に身につけていた実物資料や医療、更生などの様々な資料、写真、映像、体験記などを展示している。2階では体験記を基に、ある兵士の足跡を辿る形で、入営から戦場での受けた傷、戦地医療、内地での療養、社会復帰、そして現在まで体験したことを紹介しており、戦争で傷つき、そのため現在まで労苦を重ねてきた先人たちの平和への思いを今に伝えている。また、図書閲覧室や情報検索コーナーも設置されており、戦傷病者の体験記や証言映像を見ることができる。

靖国神社 遊就館　戦争と平和

地図 P7A4 P119 参照

　戊辰戦争の戦死者を祀るために明治2年（1869）に創建されたのが始まり。以降、日本の戦没者を慰霊追悼・顕彰するための、施設及びシンボルとなっている。敷地内にある遊就館は靖国神社が所有している武具甲冑を展示した「プロローグゾーン」にはじまり、明治維新、西南戦争、日清戦争、日露戦争、大東亜戦争などで、犠牲となった英霊の遺書・遺品と歴史記述パネルなどを展示している「近代史を学ぶゾーン」、特攻隊員を中心に女性やスポーツ選手などの遺書を展示する「英霊の『みこころ』にふれるゾーン」、人間魚雷「回天」・ロケット特攻機「桜花」・零式艦上戦闘機など大型展示物がある「大展示室・玄関ホール」の4つの常設展示で構成されており、日本の戦争の歴史を知り、命の尊さを学ぶことができる施設となっている。

　ちなみに館名の「遊就」は中国の古典から撰んだもので、高潔な人物に交わり学ぶという意味。英霊のご遺徳の触れ学んでいただきたいという願いが込められている。

警察博物館（ポリスミュージアム）　防災

地図 P10B1 P109 参照

　平成29年（2017）4月にリニューアルオープン。警察の仕事の紹介、110番通報の仕方や防犯知識、交通ルール、歴史などを学べる施設となっている。1階「ピーポくんホール」では実物のパトカーや白バイの乗車体験ができ、2〜3階では自転車の正しい乗り方を身につける交通安全体験や、指紋採取の疑似体験など体験型コンテンツコーナーが充実している。4〜5階では制服や装備品の展示のほか、多岐にわたる警察の業務を紹介。日本警察の父と呼ばれた初代警視総監川路利良の軌跡や明治から平成までの事件を紹介するコーナーなどもあり、子どもから大人まで楽しめる工夫がされている。

国立映画アーカイブ
地図 P10B1 P110 参照

　昭和27年（1952）に設置された国立近代美術館の映画部門として開設され、昭和45年（1970）に機能を拡充する形でフィルムセンターとして開館。映画の博物館・資料館として、映画文化・芸術の拠点とし、映画による国際交流の拠点としての機能をもつ。また、様々なテーマによる企画上映や図書室での映画文献の公開、展示室での映画資料の展示を行っている。平成30年（2018）に東京国立近代美術館より独立し、国立映画アーカイブとなった。

過去のイベントの様子

三菱電機イベントスクエア
METoA Ginza（メトアギンザ）　企挙

地図P10B1　P118 参照

　家庭から宇宙まで、さまざまな分野で暮らしを支える三菱電機グループが運営する施設。幅広い製品やテクノロジー、企業活動などを「都市」や「環境」、「宇宙」といったテーマでイベントを開催し、楽しい体験やわかりやすい展示で紹介している。1階はカフェ、2階では壁一面の「METoA VISION（メトアビジョン）」による大迫力の映像コンテンツ、3階では体験型アトラクションなどを交えた展示で紹介。銀座の数寄屋橋交差点に立地する東急プラザ銀座内にあり、地下鉄銀座駅からも直結。団体見学も可能なので、事前に WEB サイトをチェックして、団体見学申込を利用したい。

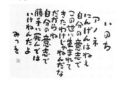
いのち

相田みつを美術館
地図P10B1
P105 参照（東京国際フォーラム内）
　平成15 年（2003）開館7周年を迎えて、銀座・東芝ビルから東京国際フォーラムへ移転。書家・詩人として、自分の書、自分の言葉を探求し続け、独自のスタイルを確立し、多くの作品を生み出してきた相田みつを（1924〜1991）の記念館。「人生の2時間を過ごす場所」をコン

ZUKAN MUSEUM GINZA

地図P10B1　P112 参照

令和3 年（2021）にオープンしたデジタルとリアルが融合した空間を巡りながら図鑑の世界に入り込む新感覚の体験型施設。来場者は生き物を検知・記録するための特別なアイテム「記録の石」を持ち、森林ゾーン、深海ゾーン、草原ゾーンなどで多様な生き物を発見する旅をする。生態や反応を体験しながら学べるとともに、24 時間という時間の経過や、天候の変動など環境変化によって観察できる生き物が変わるリアルな地球の自然を体感できる場所となっている。

マーケットセンター

東証アローズ
（東京証券取引所）　政治・経済

地図P10C1　P116 参照

　明治11 年(1878)に、現在の東京証券取引所(東証)の前身である「東京株式取引所」が設立された。有価証券の売買を行うための市場施設の提供、相場の公表及び有価証券の売買等の公正の確保その他の取引所金融商品市場の開設に係る業務を行っている。東証は、市場第1 部、市場第2 部、マザーズ・JASDAQといった現物株式市場を中核とした市場を開設・運営している。東証アローズはリアルタイムの市場情報を投資家に提供する場であり、上場企業に的確な情報開示とサポートする場として平成12 年(2000)にオープンしている。
　施設内ではマーケットセンターの様子を見学する事ができ、株

式の売買を体験できるコーナーなどがある。

見学案内

※編集時点休止中、2023年度再開予定、HP要確認
①東証アローズ見学（60分コース）
②東証アローズ見学＋学生向けレクチャー（90分コース）
　レクチャーでは株式会社のしくみ等をロールプレイを交えながら説明します。
【休日・時間】①は平日（土日祝除く）の9時～、10時～、13時～、14時～の1日4回、②は応相談
【対象人数】①10～60名まで②5～50名まで（応相談）
【申込み方法・連絡先】学校単位にて6ヶ月前から2週間前までにweb予約。お問合せ050-3377-7254（見学担当）無料

くすりミュージアム 科学技術

地図P7C4 P109参照

　平成24年（2012）2月にオープンした「第一三共胃腸薬」でお馴染みの製薬会社が運営するくすりの正しい知識を学べるミュージアム。

　館内では性別や年齢などを入力したICチップ内蔵のメダルを受け取り、それによって一人一人違った内容の様々な展示を体験できる。「からだとくすり」コーナーでは自分の体がスクリーンに映し出され、臓器、細胞、DNAのミクロの世界を紹介。年齢や性別に合わせた病気の状態や、薬の有用性の説明を受けられる。「くすりのうごき」のコーナーでは、透明の人体模型を使い、錠剤や注射剤などが体内にどのようにして入り、どこで血液に吸収され排泄されるのかを視覚で分かりやすく説明。クイズや対戦型ゲームによって、薬の形の利点や欠点が分かり、様々な形の薬がある理由が分かる。他にもゲーム感覚で薬を組み立てるコーナーや、自分で薬作りを体験できるコーナーもあり、自然と薬のことがよく分かり楽しめる。「くすりはどうやってつくるの？」「食後の服用は守らなければいけないの？」「牛乳で飲んではいけないの？」ここではそんな素朴な疑問を解消してくれるだろう。

セプトとして、作品に触れるだけでなく、みつをが毎日散策した八幡山古墳群をイメージした館内には、ロングセラー詩集「にんげんだもの」をはじめ、原作を常設展示し、ミュージアムライブを開催。年数回の企画展も開催する。

水天宮（弁財天）　歴史・文化
地図P7C4 P112参照

　古くは、安徳天皇とその一族の霊を慰める社が、今に続く水天宮の起源と伝わる。文政元年（1818）、久留米藩第9代有馬頼徳が久留米から、有馬藩邸（現在の港区にあった）に分霊し、東京水天宮が祀られた。やがて、民衆の信仰が高まり、参拝が許されるようになったのである。明治5年（1872）、現在地に移転し、安産、子授けの宮で、境内には「子宝いぬ」「安産子育河童」など、お産に関するユニークなマスコット像があり、かわいらしい。縁日は毎月5日で、5月5日は水天宮大祭が行われる。

東京タワー周辺 地図 P10

昭和33年（1958）に建てられた、東京のシンボル・東京タワー。高さは333mで、自立鉄塔としては、スカイツリーに次ぐ日本第二位の高さを誇る。周辺には増上寺や愛宕神社、東照宮など歴史深い神社仏閣があり、都会の喧騒の中にありながら、静寂の雰囲気を漂わせている。令和2年（2020）には東京メトロ日比谷線に新駅「虎ノ門ヒルズ」が開業。話題の場所となっている。

© TOKYO TOWER

増上寺 歴史・文化
地図 P10A2 P113 参照

浄土宗の七大本山の一つ。明徳4年(1393)関東の正統念仏道場として、江戸貝塚（千代田区平河町から麹町）に創建、慶長3年(1598)に家康の入府の後、江戸城拡張とともに現在の場所に移転した。日比谷通りに面した**三解脱門（三門）**（都内有数の建築物にして東日本最大級を誇る）は、増上寺が江戸初期に大造営された当時の面影を残す唯一の建造物で、国の重要文化財に指定されている。境内には、本尊阿弥陀如来像（室町期）を安置する大殿をはじめ、家康が寄進した**三大蔵 経（重文）**を収蔵する 経蔵、江戸三大名鐘の一つである大梵 鐘を収める 鐘 楼堂、恵心僧都作と伝わる秘仏 黒本尊（阿弥陀如来像）が祀られる安国殿、道場・光摂殿などが立ち並ぶ。平成27年(2015)には本堂地下1階に「台徳院殿霊 廟 模型」を展示した宝物展示室が開設している。

東京タワー
地図 P10A2 P115 参照

背の高さは333m、重さは4,000t。言わずと知れた、東京の名所。昭和33年（1958）の開業以来、東京のシンボルとして堂々と佇む。276灯の投光器が塔体各所に設置、美しくライトアップされたタワーは、訪れる人・街行く人を楽しませてくれる。展望台は「**メインデッキ（150m）**」と昭和42年（1967）に一般公開された「**トップデッキ（250m）**」の2ヶ所。晴れた日の展望台からは西に富士山、東にレインボーブリッジ、南に羽田空港、北に国会議事堂と360度の大パノラマで東京が見渡せる。

平成30年（2018）には体験型展望ツアー「トップデッキツアー」がグランドオープン。メインデッキよりトップデッキゲートをくぐると、東京や東京タワーの歴史を体験する「タワーギャラリー」や、「シークレットライブラリー」、ドリンクやフォト撮影サービスがある「プラットフォーム」を楽しむことができる。そしてトップデッキに到着するとジオメトリックミラーとLED照明が幻想的なムードを演出しており、東京の未来を我々に感じさせてくれる。

東京タワーの足もとにある東京タワーフットタウンも必ずチェックしたい名所のひとつ。東京タワーにすっぽり包まれたような5階建ての建物の中には貴重な資料展示や企画展などを行う「タワーギャラリー」や、お土産屋、飲食店が並んでいる。

レッドトーキョータワー
地図P10A2 P119 参照

　日本最大規模の esports パーク。4 階「アトラクションゾーン」では実際に体を動かすフィジカルな esports が楽しめ、重さ約 34g のマイクロドローンを使ったダイナミックな障害物ドローンレースや、世界的に人気のパラスポーツ「ボッチャ」のテクノロジー版のほか、頭脳を使ったアトラクションなど様々な体験型コンテンツが充実している。5 階「アルティメットゾーン」では世界最先端の XR 技術を駆使したイベントが繰り広げられる 2 つの次世代アリーナと、e モータースポーツのシミュレーター、ポーカーやボードゲームなどのマインドスポーツ、さらにカフェ&バーがあり、新感覚のエンターテインメントが楽しめる場所となっている。

気象科学館 　科学技術
地図P10A2 P108 参照

緊急地震速報トライアル

大雨ヒヤリハット

　令和 2 年（2020）開館の日本で唯一の「気象業務」を中心とした総合ミュージアム。気象、地震・津波、火山等について学ぶことで防災・減災について学ぶことができる。学習・体験できる装置が豊富で、新人予報官になってクイズにチャレンジする「ウェザーミッション ～キミは新人予報官～」や臨場感あふれる 360°体感シアターで日本の四季・自然・気象を体感することができる「うずまきシアター」、局地的大雨の対策などを解説する**「大雨ヒヤリハット」**や、緊急地震速報の仕組みや見聞きした時の行動を解説する**「緊急地震速報トライアル」**などがある。他にも竜巻発生装置や、ミニアメダス、津波シミュレーターなどもあり、子供から大人まで幅広い層が学べる展示となっている。

警視庁交通管制センター

防災　地図P10A2 P109 参照

　道路交通に関する情報の収集・分析及びその提供を行うほか、交通渋滞解消のための信号機調整などを行っている施設。交通情報は道路に設置した車両感知器や事故の110番などでセンターに集められ、センター内の表示板に渋滞、障害、規制等が表示される。その情報をもとに道路内にある交通情報板やラジオ放送などで一般人に情報発信を行なっている。この効果は渋滞・事故の減少や、排ガス減少など環境の保護にも繋がっている。ここでは実際の現場を見学することで、その仕事と安全で快適な道路環境を作る役割を学ぶ事ができる。

外務省外交史料館　別館展示室　　**政治・経済**

　地図P10A2 P107 参照

　外務省の歴史的価値のある記録文書を保存管理する施設として、昭和46年（1971）に開館。「戦前期外務省記録」を中心とする幕末から第二次世界大戦終結までの記録と、戦後期の外交記録文書を所蔵している。

　別館展示室の常設展では教科書でも紹介されている**「日米修好通商条約」**（安政5年（1858）／重要文化財）や「日露講和条約（ポーツマス条約）」（明治38年（1905））などの条約書、国書・親書、外交文書等のほか、吉田茂元総理の遺品、関係資料を数多く展示している。

日本外交の足跡を辿れるとともに、その歴史的背景や政策を学ぶことができる。特別展示、企画展示も開催している。

　本館ロビーには、ユダヤ人をナチスの迫害から救った外交官である杉原千畝に関する史料や、江戸時代からの歴代のパスポートなどが展示されている。

外務省外交史料館　別館展示室　正面日米修好通商条約（安政5年）レプリカ

杉原千畝氏とは？

昭和14年（1939）に外交官として活躍していた杉浦はリトアニアの在カウナス日本領事館領事代理に任命され赴任。直後にナチス・ドイツによるポーランド侵攻が始まり、第二次世界大戦が勃発。侵攻はオランダやフランスなどにも及び、ヨーロッパで多数の避難民が発生した。特にユダヤ人に対するナチス・ドイツの迫害は激しく、後にホロコーストと称されることとなる厳しい迫害政策の対象となった。その状況下でナチス・ドイツの影響の強い地域から逃れてきたユダヤ人にどのように対処するか、ということが国際的な問題となった。日本にもかなりの数のユダヤ人が逃れて来ていたが、その多くは日本を通過してさらに他の国に避難していた。日本では、ユダヤ人に限らず、すべての外国人について、避難先の国の入国許可を得ていない者には通過ビザを発給しない、という方針を決めていた。しかし領事館には日本通過ビザの発給を求めて連日多くのユダヤ人が詰め掛けており、命の危険が迫るヨーロッパから脱出させるために杉原は独自の判断で発給しつづけたという。領事館が閉鎖されることになりこの地を離れなければならなくなっても杉浦は最後までビザの発給を続けたといい、この「命のビザ」によって救ったユダヤ人の数は、少なくとも6000人に上るといわれている。

国際機関 日本アセアンセンター 　国際

地図 P10A2 P116 参照

　ASEAN（アセアン：東南アジア諸国連合）に加盟する 10 カ国と日本政府との協定によって昭和 56 年（1981）に設立された国際機関。ASEAN 諸国から日本への輸出の促進、日本と ASEAN 諸国間の直接投資・観光・人物交流の促進を主な目的として活動している。センター内では関連書籍や現地で入手した資料、観光ガイドなどを自由に閲覧できる資料コーナーが設置されている。また、多目的ホール「アセアンホール」を利用した各種経済セミナーなどビジネス関連のイベントのほか、写真展や美術展、ASEAN 諸国の文化を体験するワークショップなどを開催している。事前に予約をすれば、日本と ASEAN 諸国との関係やセンターの活動について学ぶプログラムを受けることが可能（オンラインも可）。

NHK 放送博物館 　マスコミ

地図 P10A2 P107 参照

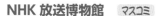

　昭和31年（1956）、世界初の放送専門ミュージアムとして開館。大正 14 年（1925）の放送開始以来、大きく進歩・発展した放送の歴史を中心に、テレビ放送約 2 万 7 千件の放送資料と約 8 千点の放送関係図書を所蔵、随時公開している。

展示フロアの 1 階「**ウェルカムゾーン**」ではラジオ放送開始からの放送の歴史をイラストや映像で紹介。中継先のカメラの映像などがどのようにして視聴者に届けられるのか分かりやすく展示している。2 階「**テーマ展示ゾーン**」では最新の 8K スーパーハイビジョンや、アナウンサーやバーチャルセットを体験できる放送体験スタジオのほか、オリンピック放送の歴史と感動、ドラマや音楽関係資料などを展示し、NHK 放送の歴史や技術が体験できる。3 階「**ヒストリーゾーン**」ではラジオ放送開始当時の資料からテレビ放送開始を経て、現代の多チャンネル時代までの放送の歴史を一望できる。4 階には NHK が放送してきた約 1 万本の番組が検索・視聴できる「番組公開ライブラリー」や、放送に関する図書や放送文化研究所の刊行物などが閲覧できる「図書・史料ライブラリー」がある。テレビ放送の歴史と発展を学びながら、最新技術やテレビ放送の舞台裏も学べる施設となっている。

愛宕神社（愛宕山）
地図 P10A2 P105 参照

　慶長 8 年（1603）、愛宕山山頂に、徳川家康の命により江戸の防火の神として祀られた。家康が信仰し、天下とりの祈願をかけた勝軍地蔵菩薩（行基作）、巳年・辰年の守り本尊の普賢大菩薩を祀る。正面には「**出世の石段**」（男坂）と呼ばれる86段の急勾配の石段があり、講談「寛永の三馬術」の中の曲垣平九郎が騎馬にてこの坂を上り下りした故事で有名。都心にありながら、樹林が鬱蒼と生い茂り、春は桜の名所、秋は紅葉と四季折々の風情も豊かな神社である。

六本木・赤坂周辺

かつて小さな街だった六本木は、戦後になって今のような大規模な繁華街になった。外国人や芸能関係者たちが集まる国際都市として、街はいつも賑やかだ。この辺りで注目なのは、やはり六本木ヒルズ。様々な都市機能が複合した街で、新しい時間の過ごし方を発見できるでしょう。平成19年（2007）にもう一つの目玉東京ミッドタウンがオープンしている。

© TCVB

六本木ヒルズ

地図P9C2 P119参照

平成15年（2003）にオープンした人気の複合施設。その中核施設である森タワーは、**森美術館、展望台（東京シティビュー）**、森アーツセンターギャラリー、アカデミーヒルズ等で構成されている。

また、**テレビ朝日**やホテルグランドハイアット東京やTOHOシネマズ、レジデンス、オフィスなども敷地内にあり、デザイン性の高い11棟の建物が配置。建物の低層部は、商業施設になっており、ショッピングやレストランも楽しめる。また、建物を高層化し、垂直に施設を集約したことで、屋上緑化日本庭園や広場、緑や水の演出などの環境も整えられ、まさに一つの街が実現されている。

東京シティビュー（展望台）
地図 P9C2
P114参照（六本木ヒルズ内）

海抜250メートルの屋内展望回廊と、海抜270メートルの屋外展望回廊「スカイデッキ」を有する展望施設。専用エレベーターを降りると、高さ11mを超える吹き抜けのガラス張りの空間が広がりその先には東京の大パノラマの展望が楽しめる。また、屋内展望台には眺望と融合した展示スペース「スカイギャラリー」が設けられ、アートやイベントなどと一緒に景色を楽しめるのが特徴。他にも屋内展望回廊とスカイデッキでは東京の景色をバックに記念写真撮影できる「スカイショット」（有料）もあり、人気の観光スポットといえる。

テレビ朝日　マスコミ

地図P9C2 P114参照（六本木ヒルズ内）

六本木ヒルズにある「ドラえもん」で有名な放送局である。一般の人でも自由に入れる1階「アトリウム」は6層吹き抜けで開放的。そこには人気番組の企画展示が並び、参加・体験できるイベントが行われていることもある。

また、テレビ朝日のマスコットキャラクター「ゴーちゃん。」や、ドラえもんと記念撮影もでき、修学旅行生や観光客の人気スポットとなっている。番組オリジナルグッズが買える「テレアサショップ」、毛利庭園に隣接する「ＥＸ　GARDEN CAFE」もあり、思い思いのひとときが楽しめるようになっている場所である。

学生を対象として、情報学習を目的とした館内見学も行っており人気。（要予約）時間によっては、生番組の見学やニュース番組進行体験もできる。

見学案内

※編集時点では休止中、要HP確認
テレビの番組制作や放送の仕組みについてガイドの解説付きで見学できる。
【時間】見学は10時半〜、13時半〜、15時半〜の1日3回。見学所要時間75〜90分
【休日】土日祝、年末年始、5/1、11/1
【対象年齢・人数】定員12名（引率者含む）
　小学5年生〜大学・大学院生（小学校の場合は先生の引率が必要）
【申込み方法・連絡先】学校単位で見学希望日10日前までに電話で申し込み。03-6406-1508。
　申込みは教員の方のみ。無料、完全予約制

テレビ東京 　マスコミ　　※編集時点で校外学習は休止中、要確認
地図P10A2 P114 参照

　テレビ東京はテレビ局の仕事や放送のしくみなどについて学ぶ「校外学習」を通じて、小学生から大学生を対象に「仕事」や「働くこと」について楽しく考える場を提供している。社内の様々な場所を見学して、リアルな体験ができる。「他社がやらないことをやる」「他社が避けることこそやる」これこそが、"テレビ東京のスピリッツ"。病気で学校に行けない、いじめで学校に行けない、身体や知的障害があって見学に行けない…など、さまざまな理由やリスクで他のテレビ局などに受け入れを断られた子どもたちにも門戸を開いている。本物を体験する「テレビ東京の校外学習」は、アナウンサー体験やカメラ体験など、誰もがみんな楽しめる内容となっている（青少年の体験活動推進企業表彰で文部科学大臣賞を受賞）。校外学習については、テレビ東京HDのCSRのホームページやフェイスブックなどでも紹介している。

https://www.tv-tokyo.co.jp/csr

国立新美術館
地図P9C2 P110 参照

　平成19年（2007）開館の国立新美術館は、コレクションを所蔵せず、国内最大級の延べ14,000㎡の展示スペース（1,000㎡の展示室10室、2,000㎡の企画展示室2室）を利用した各種展覧会の開催、美術に関する情報や資料の収集・公開・提供、教育普及活動など、アートセンターとしての役割を果たす新タイプの美術館である。他にも、アートライブラリー、講堂、研修室等があり、レストラン、カフェ、ミュージアムショップ等の付属施設も充実している。外壁面を覆うガラスカーテンウォールが、波のようにうねる美しい曲線を描いており、このガラス越しに、庭園の眺めを楽しむことができる。

フジフイルム スクエア　　企業
地図P9C2 P117 参照（東京ミッドタウン内）

　年末年始時期に「お正月を写そう」というテレビCMでも有名な会社。写真文化やカメラの進化の歴史を紹介するとともに、最新の写真技術が体験できる場所として人気がある。スクエア内には、様々なジャンルの写真を展示するギャラリー「富士フイルムフォトサロン」、貴重なアンティークカメラやフジフイルムの歴代カメラなど約100点のカメラや写真をを展示する「**写真歴史博物館**」、最新のフジフイルム製品を体験できる「タッチフジフイルム」などがある。

サントリー美術館　外観©木奥恵三

サントリー美術館
地図 P9C2
P110 参照（東京ミッドタウン内）

　昭和36年（1961）に丸の内に開館、平成19年（2007）に東京ミッドタウンに移転し、令和2年（2020）にリニューアルオープン。「生活の中の美」をテーマに、幅広い展示・収集活動を展開している。館蔵品は総数3,000点を数え、年数回の企画展を開催し、その幅広く層の厚いコレクションは名高い。学校団体を対象とした「スクールプログラム」も用意されており、自由見学の前に係員が見どころなどを説明してくれるのでぜひ利用したい。（要予約）

山種美術館蔵　速水御舟「名樹散椿」
1921　重要文化財

山種美術館
地図P7A4 P119 参照

　昭和41年（1966）、日本画専門の美術館として中央区日本橋兜町に開館、平成21年（2009）に現在地へ移転。山種証券（現、SMBCフレンド証券）の創業者・故山崎種二が長年にわたって蒐集した、近・現代日本画を中心とした美術品と、二代目理事長・館長の山崎富治が購入した旧安宅コレクションの速水御舟作品を公開している。

築地・月島・豊洲周辺 地図P10

築地とは、そもそも埋立地の意味で、かつては周囲も海辺の湿地帯だった。「汐留」の名前も、江戸城外堀に潮の干満が及ばないように海と仕切る堰があったことによるといわれる。明治5年（1872）、日本で初めての鉄道が新橋で開通して以来、周囲は賑わいを保ち、今では東京有数の観光スポットになっている。なお、東京湾は大規模な改修を行っており、月島や晴海はその頃に作られた人工島である。

築地場外市場
地図P10B2 P113 参照

　移転した築地市場の外に設けられた市場。民間業者で構成されており、一般買物客にも小売り販売をしている。鮮魚、野菜、果物まで、あらゆるものがある。料理好きな人なら、ぜひ一度訪れてみたい商店街。しかも、生鮮食品ばかりでは無く、昆布、かつお節、豆類などの乾物はもちろん、食器や包丁、割りばし、白衣やゲタ、ふきんにいたるまで、なんでもここにある。店は、ほとんどが昼頃に閉店するため、午前中に出かけること。早朝だとプロの人で混んでいるので、9～11時ぐらいが良いようだ。水に濡れても良いような靴と普段着で出かけるのが望ましい。平成28年（2016）には新施設「築地魚河岸」がオープン。約60軒が入居する生鮮市場となっている。

© （公財）東京観光財団

提供：東京都中央卸売市場

東京中央卸売市場 豊洲市場
地図P10C3 P115 参照

　平成30年（2018）10月に老朽化などの問題を抱えていた築地市場が移転し、オープンした豊洲新市場。敷地面積は概算値407,000㎡（東京ドームおよそ9個分）となり、青果棟、水産仲卸売場棟、水産卸売場棟など、取り扱う生鮮食料品や市場での役割に応じて3つの街区で構成された総合市場である。特に水産物については、我が国最大の取扱量を誇っている。見学者のためのコースも設置されており、PRコーナーやマグロせり見学デッキ、物販・飲食店舗などを楽しむことができる。

　令和6年（2024）には場外市場として江戸の古い街並みを再現した商業棟「豊洲場外江戸前市場（仮称）」とくつろぎの空間を提供する温浴棟「東京豊洲万葉倶楽部（仮称）」が開業予定で、東京の新たな観光スポットとして注目の場所ともなっている。

> **学校団体見学案内**
>
> 個人は自由見学となるが、申し込めば小中学生の団体は職員が説明を受けながら見学することや、市場紹介ビデオを見ることもできる。
> 【受入日・時間】原則、月・火・木・金曜の開場日。
> 　①9時半②13時半（応相談）　所要2時間（ビデオ上映あり）
> 【対象年齢・人数】小中学生。72名まで
> 【申込方法】電話予約後、FAX又はメールで申請書を提出（学校）。03-3520-8213（豊洲市場管理課庶務担当）

日テレ社内見学 マスコミ

地図P10B2 P116 参照

日テレ・マイスタ前にそびえる、平成18年（2006）12月から時を刻み始めた新名所「宮崎 駿デザインの日テレ大時計」。大時計前の広場は、時計パフォーマンスを一目見ようと多くの人達で連日賑わっている。公共デッキからスタジオ内の様子がよくわかるガラス張りのスタジオ「ゼロスタ」も珍しい。

©NTV

B2Fの「日テレ屋」は、日本テレビのオリジナルグッズショップ。日テレキャラクターの「なんだろう」や「ダベア」をはじめ、「世界の果てまでイッテQ！」、「笑点」、今話題のドラマなど人気番組のオリジナルグッズが揃う。

宮崎駿デザインの日テレ大時計　©NTV

見学案内　※編集時点では休止中。要確認

GO!日テレWALKは「現場体験型見学ツアー」。番組を作っている場所に行って見学したり、実際に機械に触ったり、話を聞いて、テレビの現場に触れることが出来る。

【休日・時間】平日のみで1日2回。午前コース（11時〜12時半）、午後コース（14時〜15時半）　※時間短縮は可能、時間変更はできない。

【対象年齢・人数】小学校5年生〜高校3年生までが対象で、学校の授業の一環で、学習目的の見学であることが必要。1回2名〜14名まで（引率の教員を含む）

※生徒だけの見学はできず、必ず1名以上の教員の引率が必要

【申込み方法・連絡先】見学日の6ヶ月前から受付（2週間前に締め切りで申し込みは生徒か、教員の方に限る）、完全予約制、無料

パナソニック汐溜美術館

地図P10B2 P117 参照

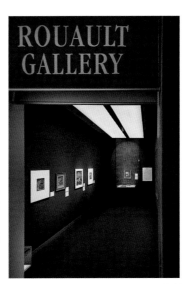

平成15年（2003）4月に現在のパナソニック東京汐留ビル4階に、社会貢献の一環として開館した。フランスの画家ジョルジュ・ルオー（1871〜1958）の初期から晩年までの絵画や代表的な版画作品など約240点をコレクションしており、これらを世界で唯一その名を冠した「ルオー・ギャラリー」で常設展示するほか、ルオーに関連する企画展を開催している。また、パナソニックの社業と関わりの深い「建築・住まい」「工芸・デザイン」をテーマとした企画展を開催している。

築地本願寺（西本願寺東京別院）
地図P10C2 P113 参照

元和3年（1617）、西本願寺の別院として、第十二代宗主（門主）准如上人によって浅草横山町に建立された。明暦の大火による焼失を経て延宝7年（1679）築地に再建。さらに、関東大震災の後、再建した現在の建物外観は古代インド仏教様式の石造り。尖塔がそびえる円屋根、神殿のような石造りの正面階段、ライオンや牛の彫刻も鎮座する。建築家・伊東忠太が手がけ、昭和9年（1934）に完成した異国情緒たっぷりの建物。しかし、本堂内は桃山様式を取り入れた荘厳な趣となっている。

本尊は聖徳太子作と伝わる「阿弥陀如来」。宗祖「親鸞聖人」絵像や、「聖徳太子」木像などを収蔵する。また、本堂の後方にある「パイプオルガン」は、旧西ドイツのワルカー社により1年がかりで制作されたもの。パイプは3mから1cmにも満たないものまで、合計約2,000本の管（笛）で構成される。その左手には2段の手鍵盤と30本の足踏鍵盤の演奏台があり、繊細で荘厳な音色を織り成す。

アドミュージアム東京 マスコミ

地図P10B2 P105 参照

　日本で唯一の広告ミュージアム。平成14年（2002）に吉田秀雄記念事業財団により汐留に設立された。平成29年（2017）にリニューアルオープン。常設展では、江戸時代から現代まで約33万点の収蔵資料から選りすぐりの作品を紹介。企画展では、世界のクリエイティブアワード受賞作品の展示なども開催。また、ライブラリーでは広告・マーケティング関連書籍が閲覧できるほかデジタルアーカイブの検索もできる。

　広告に興味がなかったという方も、気軽に楽しめ、新しい発見やおもしろさに出会えるミュージアムとなっている。

浜離宮 恩賜庭園
地図P10B2 P117 参照

　都内唯一の潮入の池と二つの鴨場をもつ江戸時代の代表的な大名庭園。承応3年（1654）、将軍からこの地を賜わった四代将軍家綱の弟・松平綱重が別邸を建設。綱重の子の綱豊（家宣）が徳川六代将軍になって以来、幾度かの造園、改修工事が行われ、十一代将軍家斉のときにほぼ現在の姿として完成した。明治維新後は皇室の離宮となり、戦後東京都に下賜され、昭和21年（1946）一般公開、昭和23年（1948）には国の名勝及び史跡に、同27年（1951）には国の特別名勝及び特別史跡に指定された。潮入の池の岸と中島を結ぶ、お伝い橋。中島には昭和58年（1983）に再建の「中島の御茶屋」があり、水の面に映える橋と茶屋の姿は、風趣に富んでいる。また、樹齢300年の松やぼたん園、菖蒲園、春の菜の花や秋のキバナコスモスの花畑など、四季の風情も豊かな25万㎡の庭園である。平成30年（2018）までに「鷹の御茶屋」などの御茶屋が復元され往時をしのばせる景色がよみがえっている。

博品館 TOY PARK 銀座本店

地図P10B2 P117 参照

　昭和57年（1982）9月に銀座にオープンしたおもちゃ専門店。地下1階から4階までの5フロアにはおもちゃ、ドール、ステーショナリー、ぬいぐるみ、ゲーム、キャラクターグッズ、バラエティーグッズ、パーティーグッズなど遊び心ある商品を約20万点取り揃えている。

　ショッピングを楽しむほか、店内には手ぶらで車の走行ができるスロットカーサーキット「博品館RACING PARK」（5分間200円）といった体感して楽しめる施設もある。また5階、6階にはレストラン、8階は「銀座博品館劇場」があり、一日中銀座のエンターテイメントが楽しめる。

4 階博品館 RACING PARK

西仲通り商店街
(通称「月島もんじゃストリート」)
地図P10C2 P113 参照

振興会事務所

　大江戸線月島駅と勝どき駅を結ぶ西仲通り商店街、通称「月島もんじゃストリート」では、約50店のもんじゃ焼き屋がひしめき合う。「もんじゃ焼き」とは、小麦粉を溶いた出し汁にキャベツや桜えび、切りイカ等を入れて焼いたもの。月島では、味を競いあう店舗がそれぞれのアイデアで「もんじゃ焼き」をOLやサラリーマン、主婦層にも人気の新しい食べ物に発展させた。昔ながらの下町の味に加え、「チーズもんじゃ」や「カレーもんじゃ」、明太子・もち・チーズの「明太もちチーズもんじゃ」など、個性豊かなもんじゃが登場。修学旅行の昼食なら、西仲通り商店街入口付近にある、地元の店主達が集まって発足した「月島もんじゃ振興会協同組合」に寄ってから、店選びをするのがオススメ。

© TCVB

石川島資料館
地図P10C2 P106 参照

　石川島の地は、日本における近代的造船業の発祥の地。嘉永6年(1853)、この地に水戸藩主徳川斉昭によって創設された石川島造船所は、現在のIHI（旧社名・石川島播磨重工業）の母胎となっている。工場は昭和54年（1979）その役割を終え、以降その地は東京都のウォーターフロント開発計画の先駆けとして、リバーシティ21と名付けられた。そのリバーシティ21内に開設された「石川島からIHIへ～石川島資料館～」は、造船所の創業から現在までと、それと深い関わりを持つ石川島・佃島の歴史や文化とともに、貴重な資料や当時を再現したジオラマ模型などで紹介し、歴史の中でIHIが果たしてきた役割を伝える資料館である。

　館内は、民間初の蒸気船「通運丸」建設中のドッグの情景を伝えるAゾーン（船をつくる）、石川島・佃島の誕生から石川島造船所創業、佃工場閉鎖を経て現在に至るまでをそれぞれの時代背景とともに紹介し、歴史の中でIHIが果たした役割を紹介し、日本の重工業界におけるはじめての製品や技術も紹介するBゾーン（時代をつくる～佃工場とIHIの歩み）、IHIのものづくりの歩みを、貴重な製品写真の数々で紹介するCゾーン（重工業はじめてものがたり）、工場勤務の1日のシーンをジオラマで再現したDゾーン（工場日記）、貴重な資料や書籍を閲覧できるEゾーン（メモリアルサロン～映像ギャラリー、ライブラリー）などの5つのゾーンから構成される。

重工業はじめてものがたり

旧芝離宮 恩賜庭園
地図P10B2 P108 参照

　小石川後楽園と共に、現存する最古の江戸時代の代表的な大名庭園。池を中心とした「回遊式泉水庭園」で、池には中島と浮島を配し、一角には小さな洲浜が設けられる。もともと海面だったが明暦年間（1655～1658）に埋め立てられ、延宝6年（1678）、老中・大久保忠朝の邸地となり庭園を設けたが、その後所有者が変わり、明治8年（1875）に宮内省がこれを買い上げ、芝離宮となった。大正13年（1924）東京市に下賜され一般公開に至る。昭和54年（1979）に国の名勝に指定された。中国の杭州にある西湖の堤を模した石造りの堤、当初は海水を引き入れた潮入りの池だった泉水など、江戸の造園技術を今に伝える歴史深い名園である。

上野公園周辺 地図 P7

上野の中心はやはり、上野公園。江戸時代には寛永寺の境内であったこの公園は、現在では東京国立博物館や国立西洋美術館、国立科学博物館をはじめ、数多くの大規模な文化施設が集まり、自然に囲まれた芸術と文化の交流スペースとして大切な役割を果たしている。公園には不忍池や上野動物園もあり、家族やカップルはもちろん、一人でも充実した一日を過ごせそうである。

上野公園 ©TCVB

東京都上野恩賜公園
地図P7B3 P106 参照

　江戸時代は東叡山寛永寺の境内であった地が、明治6年(1873)、芝、浅草、深川、飛鳥山と共に日本で初めての公園に指定された。大正13年(1924)、宮内省を経て東京市(都)に下賜。総面積53万㎡余の園内には、サクラ・イチョウ・ケヤキ、クスノキなどの高樹木が生い茂り、緑豊かに整備された公園である。待ち合わせ場所にピッタリの西郷隆盛の銅像や、東京国立博物館、東京都美術館などが建てられている。また、上野の大噴水は、上野公園の名物の一つで、夜間は照明装置で彩られ、昼間とは違った印象を見せてくれる。大人から子どもまでゆったりと過ごせ、文化観賞や自然散策には最適の地である。

東京国立博物館
地図P7C3 P114 参照

　明治5年(1871)、「文部省博物館」の名で最初の博覧会が開催され、明治15年(1882)に現在地・上野公園に移転し、名称変遷後、昭和27年(1952)に「東京国立博物館」に改称されている。日本美術が展示される「本館」は平成13年(2001)には重要文化財に指定された。

　博物館は、縄文から江戸まで日本美術の流れをつかむ時代別展示(2階)と、彫刻、陶磁、刀剣などの分野別展示(1階)からなる「本館(日本ギャラリー)」、東洋からアジア、エジプトの美術と考古遺物の「東洋館(アジアギャラリー)」、日本の縄文時代の土器や土偶、弥生時代の銅鐸、古墳時代の埴輪など考古遺物の「平成館」、正倉院宝物と双璧をなす古代美術のコレクション・法隆寺献納宝物の「法隆寺宝物館」、日本ではじめての本格的な美術館であった「表慶館」(催し物開催時以外は休館中)の5つの展示館で構成されている。また、小中高生にはガイダンスやワークショップ体験などの「スクールプログラム」も設けており、無料で受けることができる。詳しくはHP確認。

東京都恩賜上野動物園
地図P7B3 P106 参照

　上野動物園は明治15年(1882)に開園した、日本で一番歴史のある動物園。園内は、東園と西園に別れており、徒歩または日本初のモノレール(有料)により移動できる。ジャイアントパンダやアジアゾウなど約350種2500点の動物を飼育しており、アイアイのすむ森やクマたちの丘など園内各所で、動物のすむ環境や生態を見ることができる展示施設がある。

平成23年（2011）に展示施設「ホッキョクグマとアザラシの海」がオープン。北極圏に生息する動物達の生き生きとした姿をいろいろな角度から見られる。平成29年（2017）にはジャイアントパンダ「シンシン」の赤ちゃん（シャンシャン）が誕生し、注目を集めた。令和2年（2020）9月8日オープンの新しい飼育施設「パンダのもり」は、中国の四川省の自然をモデルにしていて、パンダが活発に行動できる場所となっている。

東京都美術館
地図P7C3 P115 参照

大正15年（1926）に東京府美術館として開館されて以来、美術団体の公募展会場として広く利用されており、毎年260余りの団体が1年を通して展覧会を開催している。分野も日本画・油絵・彫刻・工芸・書のほか版画・写真・盆栽など多岐にわたる。中には展覧会を無料で開催している団体もあり、親しみやすい鑑賞の場である。現在は公募展示室に加え、報道機関等との共催展事業を実施している。

国立科学博物館 上野本館　[科学技術]
地図P7C3 P110 参照

明治10年（1877）に教育博物館として創立された、日本で唯一の国立の総合科学博物館。常設展示は、常設展の日本館・地球館と、「シアター36◯」・屋外展示から構成されており、楽しみながら学習できるイベントを多数開催している。

「日本館」では「日本列島の自然と私たち」をテーマとして、列島に暮らす生き物たちの進化、日本人の形成過程と人と自然の関わりの歴史について展示。貴重な標本である忠犬ハチ公や日本有数のアンモナイト、初めて公開される人類学資料等、各種の自然史資料を展示。また、日本人がどのように自然現象を捉えてきたかを示す地震計や顕微鏡等の歴史的な理工資料も公開している。

「地球館」のテーマは「地球生命史と人類」。ここでは科学技術の発展の軌跡を辿るとともに、変動する地球の様子を多数の体験型展示を通して紹介している。約40億年前に誕生した生命の進化は地球環境の変化でどう変わっていったのか、最新の恐竜研究などの成果を展示している。

「屋外」にはD51形蒸気機関車、シロナガスクジラの実物大の模型や、ロケット用ランチャー（発射台）を見ることができる。

「シアター36◯」はドームの内側すべてがスクリーンになっていて、360度全方位に映像が映し出され、その中のブリッジに立ち、独特の浮遊感などが味わえる世界初のシアター。人類の進化の筋道をたどる「人類の旅」や、ビッグバンから始まった宇宙を紹介する「宇宙138億年の旅」などオリジナル映像を上映している。

アメ横（アメヤ横丁）
地図P7C3 P105 参照

第2次世界大戦直後、ＪＲ上野駅から御徒町駅の間に多くのバラック店舗が軒を連ねた。それが現在のアメヤ横丁の原型となり、その後あめ菓子を売る店が大量にできたのが名前の由来となっている。現在では衣料品・化粧品・時計・バッグ・靴・食料品（主に魚介類や乾物）・文房具と様々な商品を扱う。今でも戦後の闇市時代のバイタリティーを感じさせる、活気溢れたストリートで、日曜祝日には家族連れや若者達で大変な賑わいをみせている。

忠犬ハチ公とカラフト犬（ジロ）、甲斐犬
写真提供：国立科学博物館

国立西洋美術館 歴史・文化
地図P7C3 P110 参照

西洋美術専門の美術館として、昭和34年（1959）に設立。実業家・松方幸次郎（1865～1950）がヨーロッパ各地で収集した、松方コレクション（フランス政府から寄贈返還された）を基礎としている。美術館前庭には「考える人」（拡大作）・「カレーの市民」、本館1Fには、「説教する洗礼者ヨハネ」などのロダンの彫刻があり、2Fには、ルノワール「アルジェリア風のパリの女たち（ハーレム）」、モネ「睡蓮」「舟遊び」、その他18世紀以前の絵画やキリスト教を主題にした宗教画などが展示されている。新館は松方コレクションと19～20世紀美術が展示されている。

平成28年（2016）7月にユネスコの**世界遺産**に登録されており、その建築にも注目したい。昭和34年（1959）に竣工したフランス人建築家ル・コルビュジエによって設計された当館は、彼が日本で設計した唯一の建物であり、ピロティー（柱）、スロープ、自然光を利用した照明計画など、当時としては特殊な建築様式が施されており、日本の戦後建築に大きな影響を与えた。世界遺産登録されたのは国立西洋美術館を含む7か国17作品で、正式名称は「ル・コルビュジエの建築作品-近代建築運動への顕著な貢献-」となっている。

1F展示室　駄菓子屋店先

台東区立下町風俗資料館
地図P7C3 P110 参照

歴史・文化

大正期のいまだ古き良き江戸の風情をとどめる東京・下町の街並みを再現する（1階展示室）。実際に使われていた様々な調度品や生活道具が並ぶ商家・長屋にあがって、下町の暮らしを体感できる。

また、剣玉やコマ、お手玉などで遊べる玩具コーナーなど、各コーナーに分けて台東区を中心とした下町地域ゆかりの資料、生活道具、年中行事に関連するものなど、さまざまな資料を展示する（2階展示室）。時間の流れとともに忘れ去られたものを思い出す場所である。

※令和6年度末（時期未定）まで休館予定。

寛永寺 歴史・文化
地図P7C2 P108 参照

寛永2年（1625）に慈眼大師天海大僧正によって創建。江戸城の鬼門（東北）を鎮護する祈祷所として建てられた。これは比叡山延暦寺が、京都御所の鬼門に位置することにならったもので、山号は東の比叡山という意味で東叡山と名付けられた。寛永寺は徳川家の菩提寺でもあり、江戸期に家綱をはじめ6人の将軍が葬られている。ちなみに増上寺も他の6人の将軍を葬った菩提寺である。伽藍は戊辰戦争時にほぼ焼失したが、明治になって喜多院から移築された。根本中堂や不忍池辯天堂など再建された建物が上野公園に点在し、当時の隆盛を今に伝えている。京都東山の清水寺を模した舞台造りのお堂「清水観音堂」や、戊辰戦争の弾痕が残る「旧本坊表門」、戦災から逃れた唐破風の曲線が美しい四脚門「五代綱吉公勅額門」など見どころも多い。

不忍池辯天堂

根本中堂

旧岩崎邸庭園

地図 P7B3 P108 参照

旧岩崎邸庭園

江戸期に越後高田藩 榊 原氏、明治初期は舞鶴藩牧野氏の屋敷があった岩崎邸は、邸宅と共に庭石、灯籠、築山など大名庭園の形式を受け継いだ和洋併置式の近代庭園「芝庭」から成る気品高い邸宅で、その邸宅形式はその後の日本の邸宅建築にも大きな影響を与えたとされている。

明治29年（1896）に三菱創設者・岩崎家本邸として建築された洋館は、ジョサイア・コンドルの設計。当時は、15,000坪の敷地に20棟以上の建物があったという。現存する3棟（重文）のうちの1棟（洋館）は、木造2階建・地下室付きの本格的なヨーロッパ式邸宅で、近代日本住宅を代表する西洋木造建築である。併置された和館との巧みなバランスは、世界の住宅史においても希有の建築とされている。また、洋館から少し離れた位置に別棟として建つ撞 球 室（ビリヤード場）は、スイスの山小屋風の造りとなっており、洋館から地下道でつなげられ、内部には貴重な金唐革紙の壁紙があしらわれている（通常非公開）。

文京区立森鷗外記念館

地図 P7B2 P118 参照

小説「舞姫」や「高瀬舟」などの作品で有名な明治の文豪。本名は森林太郎（1862～1922）。30歳から亡くなるまでの半生を過ごした場所に記念館は建てられている。

記念館では軍医、小説家、戯曲家、評論家などいくつもの顔をもつ森鷗外の自筆原稿をはじめ、生前発行の貴重な図書や雑誌、研究書などを所蔵しており、年間様々な企画展や特別展を開催している。また、図書室も併設されており、所蔵資料をパソコンで検索・閲覧することができる。ショップでは書籍やオリジナルグッズの販売もしており、鷗外ゆかりの文京区を訪れた際にはぜひおさえておきたい。

森鷗外記念館

横山大観記念館
地図 P7B3 P119 参照

日本画の巨匠・横山大観（1868～1958）が明治42年（1909）から生活し、制作活動を行った日本家屋を、そのまま記念館として公開している。昭和20年（1945）に空襲で焼失したが、昭和29年（1954）再建された。大観没後、昭和51年（1976）、遺族から大観の作品や習作、遺品、画稿、スケッチ帳などの寄贈をうけて、記念館が設立され、一般公開された。「風雨」、「阿やめ」、「秋の夜美人」、「牡丹」など、多くの近代日本画のほか、大観絵付けの陶磁器、デザインした着物、遺品、大観収集の陶磁器、竹工芸品、骨董や大観と交流のあった近代作家の絵画、彫刻、書簡などを所蔵。3ヶ月ごとに展示替えして公開している。

三菱史料館
（三菱経済研究所附属） 企業
地図 P7B3 P118 参照

創始者岩崎弥太郎の三菱の歴史（明治3年（1870）の三菱創業から昭和20年代の三菱本社解体、新しい三菱グループの発足に至るまで）に関する史料を収集・保管・公開するとともに、三菱及び日本の産業発展史の調査・研究・発表を行っている。

**下町風俗資料館付設展示場
（旧吉田屋酒店）** 歴史・文化
地図P7B2 P110 参照

　江戸時代から代々酒屋を営んでいた「吉田屋」。明治43年（1910）に建てられた建物は、腕木より軒桁が張り出している出桁造で、また正面入口には板戸と格子戸の上げ下げで開閉する揚戸が設けられている。いずれも江戸中期から明治時代の商家建築の特徴である。屋内では、秤・漏斗・枡・樽・徳利・宣伝用ポスターや看板など酒類の販売に用いる道具や商いに関する資料を展示している。

荒川自然公園
地図P7C1 P105 参照

　昭和49年（1974）に開設された、荒川区立公園のなかで最も大きい公園で、面積は約6万1千㎡。「東京都下水道局三河島水再生センター」の上に人工地盤を造り設置された公園は、野球場やテニスコートを中心に、都内では滅多に見られないカブトムシが観察できる「昆虫観察園」や楽しみながら交通ルールを学べる「交通園」、お弁当を広げるのに最適な「さんさん広場」があり、夏期には水遊びができる日当たり良好の「白鳥の池」も開放される。散歩やジョギングが手軽にできる園路には、ハナミズキやスイセン、バラ、モクセイ、ツバキなど多種類の花が植えられ、四季を通して楽しめる。

弥生美術館・竹久夢二美術館
地図P7B3 P119 参照

　弥生美術館は、昭和59年（1984）、弁護士・鹿野琢見によって創設された。幼い頃、挿絵画家高畠華宵の作品「さらば故郷！」に感銘を受けた鹿野が、後に「華宵の会」を発足、華宵の死後にそのコレクションを公開すべく美術館を創設した。1・2階の展示室では、明治末から戦後に活躍した挿絵画家、挿絵・雑誌・漫画などの出版美術品を中心に3ケ月ごとに企画展を行う。3階は高畠華宵の常設展示室で、3ケ月ごとにテーマを替え、常時50点を公開する。

竹久夢二「水竹居」

　隣接する竹久夢二美術館は、平成2年（1990）に鹿野の夢二コレクションをもって開館。「夢二式美人画」から、モダンなデザイン作品まで、常時約200〜250点を公開し、古き良き大正ロマンの世界を堪能できる。また、3ケ月ごとに企画展を行う。

黒田記念館
地図P7B3 P116 参照

黒田清輝「湖畔」

　昭和3年（1928）の開館。日本近代洋画の父・黒田清輝（1866〜1924）の油彩画約130点、デッサン約170点のほか写生帖や書簡などを所蔵・展示する記念館。特別室では明治33年（1900）のパリ万国博覧会に出品された「湖畔」や、同博覧会にて銀賞を受賞した「裸婦 習作」（智・感・情）などの重要文化財を年3回公開するほか、黒田清輝の人と功績を紹介している。

朝倉彫塑館
地図P7B2 P105 参照

　彫塑家朝倉文夫（1883〜1964）が、自ら設計・監督した西洋建築（鉄筋コンクリート造り）のアトリエ棟と、竹をモチーフとした日本建築（数寄屋造り）の住居棟で構成される本館は、昭和10年（1935）に現在の形となり、国の有形文化財になっている。アトリエは3階まで吹き抜けになっており、昭和初期の雰囲気が漂う広いスペースには、「墓守」、「時の流れ」、「三相」、「大隈重信像」などの彫塑作品を展示している。朝倉の遺品やコレクションを展示した書斎や、愛猫家の朝倉の「たま」、「産後の猫」などの作品を展示する蘭の間（2F）、「円（まるみ）」をモチーフに設計された日本間・朝陽の間（3F）、屋上花壇など、作品と建築を楽しめる。また、敷地全体が「旧朝倉文夫氏庭園」として国の名勝に指定されている。（展示品はイベントによる）

秋葉原周辺 地図 P7

日本一の電気街として世界的に有名な秋葉原。その歴史は太平洋戦争後、駿河台・小川町界隈の闇市が、徐々にラジオ部品を専門に扱うようになり、昭和26年（1951）の露店整理令によって、ガード下に収容されたことが始まりといわれている。御茶ノ水周辺の学生街と合わせて、下町の活気溢れる雰囲気が魅力である。

秋葉原電気街

地図 P7B4 P105 参照

江戸時代は下級武士の居住地域であり、当時から火事が多く悩まされ、明治政府下の東京府は9000坪の火除地を設置し、明治3年（1870）に遠州（現・静岡県西部）から火除けの秋葉大権現を勧請し、鎮火神社として祀った。これが「秋葉原」そして「あきば」の語源といわれている。戦後、ラジオ部品などの店舗が駅のガードに集まったことから始まり、デジタルネットワーク商品から一般家電まで世界のアキハバラ（akihabara）として、外国人に大人気の街となった。近年の再開発で、秋葉原ダイビル、秋葉原クロスフィールド、秋葉原UDXなどが建ち、より秋葉原の魅力を高めている。以前の秋葉原は「パソコン」「アニメ」「メイド喫茶」などのオタクの街として「アキバ」と呼称されていたが、女性だけの集団やカップルで歩いている人の姿など珍しくなく、今や日本有数の観光地となっている。

神田明神（神田神社）

地図 P7B4 P108 参照

天平2年（730）創建の長い歴史のある神社。創建当時は、現在の千代田区大手町にあったが、元和2年（1616）に江戸城の表鬼門にあたる現在地に移転し、江戸総鎮守として桃山造りの豪華な社殿が築かれた。その後、大正12年（1923）の関東大震災で大破したため、現在の社殿は、昭和9年（1934）に当時としては画期的な鉄骨鉄筋コンクリート、総朱漆塗の社殿が再建され、第二次大戦で唯一わずかな損傷のみで残ったもの。戦後になって、次々と境内が整備されている。家庭円満、縁結び、商売繁盛、事業繁栄の守護神として親しまれており、有名な5月の神田祭では、200基に及ぶ神輿と鳳輦が賑やかに神幸する。**神田明神資料館（斉館）** 2階には、神田祭に関する資料を、3階には神田明神に伝わる神宝を展示している。その他、石造りとしては日本一の「だいこく様尊像」、「銭形平次の碑」、「力石」などがある。平成30年（2018）12月には文化交流館をオープンさせ、新たなにぎわいを見せている。

ＡＫＢ劇場

地図 P7C4

ドン・キホーテ秋葉原店8階にある平成17年（2005年）に誕生した日本アイドルグループ「ＡＫＢ」の専用劇場である。Aチーム、Kチームなどチーム毎に毎日講演を行っており、テレビでしか会えないアイドルを身近に感じられる場所になっている。「ＡＫＢ」の由来は秋葉原（あきばはら、AKIHABARA）からきている。「48」は初期の構想人数を意味し、現在は特に意味はなく、総勢人数は50人を超えている。ファンがニューシングルに参加できるメンバーを決める人気投票「選抜総選挙」などのファンの意向を強く用いた企画がより人気を上げていく事となり、平成23年（2011）には日本レコード大賞を受賞した。

劇場公演を観るにはインターネット経由で申し込みを行わなければならないので注意が必要。

姉妹グループには「SKE48」【栄（SAKAE）】、「NMB48」【難波（NAMBA）】、「HKT48」【博多（HAKATA）】、「NGT48」【新潟（NIIGATA）】、「STU48」【瀬戸内（SETOUCHI）】、「乃木坂46」、「欅坂46」、「日向坂46」などがあり、近年ではアジアを中心に海外進出も始まっている。

神田明神 ©TCVB

湯島天神（湯島天満宮） 歴史・文化
地図 P7B3 P119 参照

雄略天皇 2 年（458）創建された勝運・勝負運のご利益を持つ神様天之手力雄命と、学問の神様菅原道真公を祀る。文明 10 年（1478）10 月に太田道灌が再建し、江戸時代には徳川家康をはじめ、歴代の将軍が庇護、隆盛を極めた。また、学問の神「文神」として、林道春、新井白石ら多くの学者や文人の崇敬を受けた。そのため、現在でも多くの受験生や就活生などが訪れる場所となっている。

境内の権現造の木殿は明治に改築されたものであったが、老朽化が進んだために平成 7 年（1995）に再建。しかし、ひのきを使用した純木造建築であり、大きく特徴的な三角の屋根が荘厳な雰囲気を醸し出している。宝物殿では神輿をはじめ、所蔵の宝物類が展示されており、祭神の菅原道真公にまつわる絵画を中心に不定期で作品が変わっている。境内には他にも昔から境内が賑わっていたことをしめす「迷子しらせ石標」の名残である奇縁氷人石や、寛文 7 年（1667）の刻銘がある銅製の表鳥居など見所も多い。

2 月上旬から 3 月中旬まで「梅まつり」が開かれており、多くの人で賑わう。また、修学旅行生へは由緒書（パンフレット）を授与（無料）や、特別昇殿参拝（合格祈願・学業祈願・身体健全等・有料）なども受付けている。

刑事部門

明治大学博物館
地図 P7B4 P118 参照

3 つの部門に分かれて大学が行った、調査、研究、学術資料を展示する私立大学で最も長い歴史をもつ博物館のひとつ。

「商品部門」では、商品の原材料、部品、製造技法、半製品から完成品にいたる製造工程、意匠の種別などを紹介し、日本の伝統的工芸品の全体像を端的に一覧できる。

「刑事部門」（日本の罪と罰）では、歴史的な法を時系列で展示、「江戸の捕者」「牢問と裁き」「さまざまな刑事博物」では、江戸の捕者具、世界の拷問・処刑具など人権抑圧の歴史を伝える資料を展示しており、特にギロチン、ニュルンベルクの鉄の処女は日本唯一の資料である。

「考古部門」では、旧石器から古墳時代に至る各時代の遺跡を調査研究してきた出土資料が展示されている。

東京都水道歴史館 歴史・文化
地図 P7B3 P115 参照

人間が生きていくうえで、1 日に少なくとも 2 L から 3 L の水が必要であるといわれている。そんな我々の暮らしに欠かせない水道水が、東京で発展したのは江戸時代からとされている。ここでは江戸〜東京 400 年の水道の歴史を展示・紹介している。

1 階「近現代水道コーナー」には馬水槽や共用栓など、明治以降に発展した技術を実物大模型や映像解説で展示する。2 階「江戸上水コーナー」では当時水を通すために使われていた木樋や上水井戸などの実物展示にくわえ、江戸時代の長屋の様子を再現し、庶民の暮らしと上水のつながりを紹介している。事前に予約をすれば、ガイドツアーも受けることができ、我々に日々安定した水を供給するための工夫や、先人たちの偉業が学べる施設となっている。

馬水槽（模造）
牛馬・犬猫・人間の 3 つの水飲み場が設けられている

団体見学案内
【休日】毎月第 4 月曜（休日の場合翌日）、年末年始
【時間】アテンダントによる展示説明を行う場合の見学標準時間は約 60 分。
【対象人数】1 グループあたり 5 名〜
【申込み方法・連絡先】早めに要事前連絡。申し込み時に希望すれば展示説明もある。03-5802-9040

後楽園周辺 地図 P7

中国の古い教え「（士はまさに）天下の憂いに先立って憂い、天下の楽しみに後れて楽しむ」に従って名付けられた歴史庭園「小石川後楽園」にちなみ、この地域は「後楽園」と呼ばれるようになった。この周辺では，なんと言っても東京ドームが目立つ。エアー・ドーム構造の不思議な屋根を目印に進めば、遊園地に天然温泉、野球殿堂博物館などがある近代的なエンターテイメント施設「東京ドームシティ」が広がる。

東京ドーム スポーツ

地図P7A3 P115参照

昭和63年（1988）、空気の圧力差で屋根膜を支えるエアー・サポーテッド・ドーム構造による日本初の全天候型多目的スタジアムとしてオープン。野球をはじめとする各種スポーツやコンサート、コンベンションなど様々なイベントが行われる。広さは46,755㎡で、これは普段「東京ドーム約何倍」と言われる場合の面積。収容人数約5万5千人、日本を代表する大型ドームである。

ブルペン

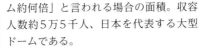

東京ドームツアー

〔開催日〕（3月～7月の一ヶ月に1～7回、公式WEB参照）
〔開催時間〕1回目 8:15～9:00（受付時間：8:00～8:15、所用時間:45分）
2回目 9:45～10:45（受付時間：9:30～9:45、所用時間:60分）
3回目 10:30～11:30（受付時間：10:15～10:30、所用時間:60分）
〔見学時間〕1回目:45分 2～3回目:60分
〔定 員〕11～80名（教育旅行の場合は1名様から受付可能）
〔内 容〕
ピッチングコース（選手がプレイするマウンドまたは3塁側ブルペンで、ピッチング体験ができる、8:15～9:00の時間帯のみ開催）
スタンダードコース（選手がプレイするグラウンドやベンチ、新たなグループシートなどを見学できる）
バックヤードコース（3塁側のバックヤードを中心に、選手がプレイするグラウンドやベンチなどを見学できる）
VIPエリアコース（年間契約のVIPルームを中心に、通常では入ることのできないエリアなどを見学できる）
※日程によってコース内容が異なります。
〔料 金〕
ピッチングコース：高校生以上2000円、中学生以下1500円
その他コース：高校生以上2500円、中学生以下2000円
〔参加方法〕事前予約制 電話にて開催日程・空き状況を確認。専用申込書に必要事項を記載のうえ、FAXまたはメールにて申し込み
〔お問い合わせ〕東京ドーム営業推進部 03-5684-4404

「ホームランの世界記録を持つ王 貞治さんの資料などが展示されているプロ野球の歴史のコーナー」
公益財団法人　野球殿堂博物館

講道館（柔道資料館・柔道図書館）
地図 P7A3 P109 参照　スポーツ

昭和59 年（1984）に講道館創立 100 周年記念事業として建設された講道館国際柔道センターの2階にある「柔道資料館」には、資料展示室、柔道殿堂、師範室が設置されている。展示室では、講道館創設以来の歴史を辿る貴重な記録や写真を展示。講道館最初の入門誓文帳や小説「姿三四郎」のモデルといわれる西郷四郎六段の稽古衣などもある。殿堂では、柔道の発展に功績のあった物故者の中から選ばれた顕彰者 19 名の肖像写真と略歴を掲示している。師範室では、嘉納治五郎師範の柔道の理念を表す「精力善用」「自他共栄」が揮毫された掛け軸をはじめ、師範のさまざまな資料や写真、遺愛の筆や硯などの品々を公開。また、「柔道図書館」では、柔術関係古文書、柔道関係図書等の蔵書を無料で閲覧することができる。他ではあまり見ることのできない図書や雑誌、技や試合などのビデオなどもある。

野球殿堂博物館　スポーツ

地図 P7A3　P119 参照（東京ドーム内）

　昭和34 年（1959）に日本初の野球専門博物館として開館。「エントランスホール」、「プロ野球」、「野球の歴史」、「アマチュア野球」、「企画展示室」、「イベントホール」などの各コーナーに分かれ、野球界の発展に貢献し、功労者として表彰された人々のブロンズ製肖像レリーフが飾られている他、野球の歴史にまつわる資料が数多く収蔵、展示されている。日本に最初に野球が伝えられた明治5年（1872）の資料や、昭和9年（1934）に当初来日を渋っていたベーブ・ルースに見せて訪日を説得したといわれる日米野球のポスター、平成21 年（2009）にWBCで優勝したトロフィーなど、常時 2,000 点程の資料を見ることができる。他にも日本シリーズやオールスターのダイジェスト映像など毎月さまざまなテーマで上映を行う映像シアターや図書室なども設置されている。

東京大学キャンパスツアー

地図 P7B3 P115 参照

　江戸時代、支配者層である武士に儒学の知識と教養を身に付けさせるため幕府が設置した 昌平坂学問所などを受け継いだ東京開成学校と東京医学校が合併し、明治 10 年（1877）日本初の西洋風近代的総合大学として設立。その後帝国大学や東京帝国大学と改称され、戦後に現在の名称となった。本郷や駒場、千葉の 柏 などにキャンパスがあり、学生数は学部、大学院あわせて約 27000 人。入学者はまず教養学部で2 年間学び、その後各学部・学科に進学するシステムとなっている。

　キャンパスツアーでは文政 10 年（1827）建立の赤門（重要文化財）や、夏目漱石の長編小説「三四郎」のモチーフとなった育徳園心字池（三四郎池）、実業家安田善次郎の意向とその寄附によって建てられた安田講堂などを歴史ある本郷キャンパスを学生ガイドが案内し、建造物や歴史の解説だけでなく、学生生活なども紹介してくれる。2 時間では見学しきれないほどキャンパスは広い。質疑応答の時間を増やした中高生ツアーがあるので修学旅行や校外学習ではぜひ利用してほしい。

印刷博物館 マスコミ

地図P7A3 P106 参照

地図P7A3 P106 参照

代表的なコレクションがデザインされたエントランス（上）と常設展（下）

加速度的なデジタル化が進展する現代に、印刷文化を支えたアナログの技術や表現を保存・伝承するために平成12年（2000）に開館。令和2年（2020）にリニューアルオープン。さまざまな展示や体験を通して、印刷文化をより身近に感じることができる。

常設展の「印刷の日本史」・「印刷の世界史」・「印刷×技術」では、日本と世界の印刷文化の発展や歴史を紹介するとともに、社会・文化との関わりまでも解説。奈良時代に制作された現存する世界最古の印刷物と言われる「百万塔陀羅尼」をはじめ、印刷に必要な活字、道具、機械など、約7万点の所蔵資料からその一部を展示・公開している。「印刷工房」では15世紀に確立された活版印刷技術に関連する機器や資料を展示し、コースターなど活版印刷体験ができる参加型体験スペースとなっている。

学校団体は予約すると展示案内も受けることができるほか、印刷工房も見学・体験することができるのでぜひ利用したい。

JICA 地球ひろば 国際

地図P6C4 P111 参照

地図P6C4 P111 参照

市民による国際協力を推進するための拠点として平成18年（2006）に設立。開発途上国や国際協力について学習できる体験ゾーン（展示・相談スペース）、交流ゾーン（貸出スペース）、食のゾーンJ's Cafeの3つの機能があり、国際協力の重要性などを学ぶことができる。国際協力の現場で生の体験をしてきたガイド「地球案内人」が体験ゾーンの展示などを丁寧に説明、質問にも応じてくれる。また、学生グループでの学習プログラムに対応した①体験ゾーン見学②JICAボランティア体験談③ワークショップのモデルコースもあり、世界の諸問題をディスカッションする参加型学習を受ける事ができる。食のゾーンJ's Cafeでは、アジア、アフリカ、中南米などの珍しい料理で、食を通して異文化に触れることもできる。（有料）

JICA 体験ゾーン

宮城道雄記念館

地図P7A4 P118 参照

地図P7A4 P118 参照

昭和53年（1978）、「春の海」などで有名な盲目の作曲家で、「現代邦楽の父」と称される宮城道雄（1894～1956）が、晩年まで住んでいた敷地に建設された、日本で最初の音楽家の記念館。

「第1展示室」には遺愛の箏「越天楽」や、宮城が考案した80本の絃を有する箏「八十絃」、その他の道雄考案楽器をはじめ数々の遺品を展示している。

「第2展示室」は、道雄の作品を聴いたり、DVDを楽しむことのできる視聴覚室。

資料室では宮城道雄関係資料をはじめ、三曲を中心とした日本音楽の図書資料・楽譜およびレコード・CD・録音テープなどを閲覧・試聴することができる。また、多くの図書、楽譜、録音資料、映像資料、点字楽譜などの遺品も収蔵している。

小石川後楽園

地図P7A3 P109 参照

地図P7A3 P109 参照

江戸初期、水戸徳川家祖・頼房が中屋敷のとして造り、2代藩主・光圀の時に完成。儒学思想の下に築園されている。70,847㎡（東京ドームの約1.5倍）の回遊式泉水庭園で、随所に中国の名所の名前をつけた景観を配し、中国趣味豊かなものになっている。昭和27年（1952）、特別史跡及び特別名勝に指定。（二重指定を受けているのは、都立庭園では浜離宮とこの小石川後楽園だけ）シダレザクラやショウブ、紅葉も見所の一つである。

池袋周辺 地図 P6

池袋駅は、東京近郊のベッドタウンの沿線である東武東上線・西武池袋線や都内鉄道幹線のJR山手線・埼京線などが集中し、一日の平均乗降客数が約260万人という一大ターミナル。新宿・渋谷と並ぶ山手副都心の一つで、駅周辺には繁華街が広がる。ビジネスにアミューズメントにと、様々な目的で人々が集うサンシャインシティ、メトロポリタンプラザなどがある。

サンシャインシティ
地図 P7B3 P110 参照

　昭和53年（1978）、副都心構想の中心的存在として誕生した。主にサンシャイン60、サンシャインシティプリンスホテル、ショッピングセンターアルパ、ワールドインポートマート、文化会館の5つのビルで構成されており、その中に多彩なビジネスイベントが開催されるコンベンションセンターや展望台、水族館、劇場・博物館など、ビジネス・アミューズメント・文化施設などが凝縮されている。もちろん、ショッピングやグルメも充実しており、幅広い年齢層の人々が、まさに、楽しみ・働き・暮らせる新都市空間。

アレクサンダー大王銀貨

古代オリエント博物館
地図 P6C2
P110 参照（サンシャインシティ内）

　昭和53年（1978）、日本最初の古代オリエント専門の博物館として、文化会館7階に開館。

　コレクション展では、開館以来行っている海外の発掘調査の成果を展示する「シリアの発掘」や、60万年前の人類が万能石器として用いたハンドアックスを紹介する「最古のオリエント」、楔形文字を使用した文明を紹介する「古代メソポタミア」、当日のエジプトの面影を垣間見れる彩色人物浮彫がある「古代エジプトの文化」、死者に捧げる酒などの供物を入れたとされるこぶ牛形の土器を展示する「古代イランとその周辺」、日本からも出土したササン朝時代のカットガラス碗などの工芸品を紹介する「東西文化の交流」がある。

　また年に2回、特定のテーマを扱う特別展も開催している。

SKY CIRCUS サンシャイン 60 展望台
地図 P6C2 P110 参照（サンシャインシティ内）

　昭和53年（1978）に誕生したサンシャイン60展望台が、令和5年（2023）4月に「てんぼうパーク」としてリニューアルオープンオープン。展望台には「新たな眺望体験を提供する空の公園」をコンセプトに、季節を取り入れた植栽や人口芝に囲まれた緑豊かな空間「てんぼうの丘」があり、居心地の良い公園のような空間から眺望を思い思いに楽しめるほか、夜には

光と花のかおりのアロマとBGMで大人の空間を演出する。海抜251mから見る360度の眺望は、東京の街もまるでオモチャのよう。晴れた日には美しい富士山の姿が見え、夜になれば、イルミネーションが絨毯のように広がる。

サンシャイン水族館

地図P6C2 P110参照（サンシャインシティ内）

昭和53年（1978）に日本初のビルの屋上にできた高層水族館。頭上のドーナツ型水槽をアシカが泳ぐ「サンシャインアクアリング」や、都会の空を飛んでいるようにみえる「天空のペンギン」が評判である。この水族館は「大海の旅」、「水辺の旅」、「天空の旅」の三つのエリアに分けられる。

水族館1階「**大海の旅**」ではマンボウなどたくさんの魚類をはじめ、サンゴ、クラゲなどの無脊椎動物が生活し、大水槽「サンシャインラグーン」などの水槽の仕組みを工夫した展示が特徴である。

2階「**水辺の旅**」ではカエルやバイカルアザラシ、カクレクマノミといった水辺に生息する様々な生き物の生活ぶりを見ることができる。

屋外のマリンガーデン「**天空の旅**」ではペリカン、ペンギンやアシカなどが暮している。

他にもアシカやカワウソなどのパフォーマンス・フィーディングタイムも設けられ、動物たちが食事している様子を解説と共に楽しむことができる。

豊島区立トキワ荘
マンガミュージアム

地図P6A2 P116参照

「鉄腕アトム」の作者手塚治虫や「天才バカボン」の作者赤塚不二夫、「ドラえもん」の作者藤子・F・不二雄や「怪物くん」の作者藤子不二雄Ⓐなど、日本を代表するマンガ家が若き日を過ごしたアパートで昭和57年（1982）に解体された「トキワ荘」を再現した施設。

1階は、ゆかりの作家やトキワ荘に関する書籍を配架したマンガラウンジや、マンガに関する展示やイベントを行う企画展示室がある。2階は各マンガ家の部屋や当時の様子を忠実に再現した共同の炊事場とトイレがあり、昭和30年代の雰囲気を感じることができる。他にもトキワ荘があった椎名町（現南長崎）の歴史を紹介する常設展示室もあり、大人から子供まで楽しめる場所となっている。

切手の博物館　政治・経済
地図 P6B3　P108 参照

　日本および外国切手約 35 万種を有する郵便切手の博物館。館内ではその関係資料を収集保管し、公開するとともに、切手、郵便研究に関するさまざまな調査・研究活動行っている。1 階展示室では、3 ヵ月ごとにテーマを決めて企画展を開催、2 階図書室は郵趣関連の書籍を約 13,000 冊、雑誌約 2,000 タイトルを所蔵し、世界最初の切手「ペニーブラック」（イギリス、1840 年発行）や、日本最初の切手「竜文切手」（1871 年発行）などを展示している。そのほか、切手の持つ魅力や面白さを伝えるために様々な特別展と、できあがった作品は持って帰ることができる体験企画「切手はり絵」などを開催している。

東京消防庁池袋防災館　防災
地図 P6B2　P114 参照

　防火・防災に関する知識、技術、行動力を高めるための防災体験学習施設。館内には地震・煙・消火・救急などのシミュレーション体験をできるコーナーが充実しており、実際に災害が起こった時に必要な行動を身に付けることができる。また、視聴覚教室では大地震で被災した家族を描いた防災教育映画や防災アニメなどを上映しており、災害の恐ろしさや備えの必要性などを学べる。他にも、防災ブックを自由に閲覧できる学習コーナー、119 番の通報システムについて学習するコーナー、日常生活の事故防止学習コーナーなど、自由見学できるコーナーが多数ある。都内在住者向けには自分の町の地図を使用して防災マップが作成できる「**図上訓練コーナー**」（休止中・要確認）があり、避難経路などの災害対策を身に付けることができる。予約をすればインストラクターが案内してくれる防災体験ツアーも受けることができる。

図上訓練コーナー

都庁周辺 地図P6

新宿駅西口を出ると、都庁などの高層ビルが立ち並ぶオフィス街。東口には日本一の大繁華街・歌舞伎町が広がり、近くには都会の喧騒とは対照的な新宿御苑がある。東南口を出るとNOWAやFlagsなどファッションビルが建ち、南口からは高島屋タイムズスクエアをはじめ、若者の街が形成されている。ショッピングにグルメと、アミューズメントには事欠かない賑やかな街である。

東京都庁　政治・経済

地図P6A4 P115 参照

平成3年（1991）完成の第一本庁舎や都議会議事堂を自由に見学できる。**第一本庁舎**では展望室（45F）、東京観光情報センター都庁本部（1F）、都民情報ルーム（3F）、全国観光PRコーナー（2F）など、**都議会議事堂**では議場（7F）、第15（予算特別）委員会室（6F）、都議会PRコーナー（2F）などが見学できる。都議会の役割などを体験できる「都議会PRコーナー」では、都議会の仕組みなどをパネルやビデオ、パソコンで解説しており、議事堂見学や庁舎内の案内も行っているのでぜひ利用したい。都庁への見学が団体の場合は専門の案内員による見学コースがある。

議場

団体見学案内

見学コースは第一本庁舎1階団体集合場所に集合、都議会議事堂をまわり、展望室専用エレベーター前で解散となる。
【休日・時間】土日祝を除く平日。1回目10時～、2回目14時45分～。所要時間90分
【対象年人数】10～45名
【申込み方法・連絡先】見学日の月の3ヶ月前から電話受付、03-5388-2267（団体見学受付専用電話）

東京都庁　展望室（第一本庁舎45階）

地図P6A4 P115 参照

新宿でひときわ目を引くこのビルは243mの48階建て。専用の高速エレベーターに乗って、45階の展望室を下りると、地上202mの高さから東京の街を一望できる。南北にそれぞれ展望室があり、国会議事堂や新宿の高層ビル群はもちろん、12月～2月の気温が低くて見通しがきく期間は、富士山も見える。また、広いフロアー内には、喫茶コーナーや売店もあり、音楽コンサートなどのイベントが催される事もある。
※編集時点で北展望室は休室中。要確認

フィンセント・ファン・ゴッホ「ひまわり」1888年 SOMPO美術館蔵

SOMPO美術館

地図P6A4 P113 参照

損保ジャパンの前身である安田火災の営業案内や記念品等のデザインを手掛けた東郷青児により、自作と内外作家の作品345点を寄贈され、昭和51年（1976）、本社ビル42階に開設。令和2年（2020）に本社敷地内に移転オープン。（予定）収蔵品は「望郷」「タッシリ」など東郷青児作品をはじめ、ゴッホ「ひまわり」、ゴーギャン「アリスカンの並木路、アルル」、セザンヌ「リンゴとナプキン」、ルノワール、グラン・モーゼスなど約630点にのぼる。

ジオラマ・抑留者・収容所（ラーゲリ）でパンを切り分ける

戦後強制抑留コーナー

よしもとエンタメショップ

ルミネ the よしもと
地図 P6B4 P119 参照

東日本旅客鉄道新宿駅に隣接する商業ビル「LUMINE2」の7階にある。テレビでお馴染み "よしもと" のお笑いを間近で体験できる専門劇場。よしもとクリエイティブ・エージェンシー（旧・吉本興業）のタレントたちや、コントや漫才のコンビが、毎日、日替わりで登場して、"よしもと" 独自の世界をくりひろげていている。劇場ロビーにはグッズショップ「よしもとエンタメショップ」があって、吉本芸人グッズや笑えるおもしろグッズが一杯並ぶ。

平和祈念展示資料館　戦争と平和
地図 P6A4 P117 参照

　第二次世界大戦において、危険な戦地に向かった「兵士」や、終戦後、シベリアなどに抑留され、強制労働を課せられた「**戦後強制抑 留**」、生活の本拠としていた海外から祖国日本への引揚げを余儀なくされた「海外からの引揚げ」の３つのコーナーがあり、戦争が終わってからの労苦（苦しくつらい）体験について紹介している。各コーナーには体験者の証言などを元に再現されたジオラマもあり、様々な実物資料、グラフィック、映像などを使って若い世代にもわかりやすく伝える展示をしている。解説員による展示解説のほか、資料に触れることができる体験コーナーもある。

コンピュータエンターテインメント協会（学生向けゲーム業界学習講座）　科学技術
地図 P6A4 P110 参照

　1970年代の家庭用ゲーム機の発売から急速に発展したゲーム産業。近年のVR（ヴァーチャル・リアリティー）システムや、AR（オーグメンティッド・リアリティー）システムを採用したゲーム機が次々と生み出され、老若男女幅広い層が楽しめるようになり、その市場規模は国内外を合計すると約21.9兆円にも及ぶ。（2021年参考）

　ここではゲーム産業の構造・規模など基本情報をはじめ、ゲームソフトが誕生し、消費者が手にするまでを統計資料を交えて紹介し、ゲームソフトやゲーム業界で働くこと、また協会が主催する「東京ゲームショウ」の紹介ビデオを見るなど、協会の各種活動について説明を受けることができる。また、我々がゲームについて普段疑問に思っていることなどについても質疑応答に答えてくれる。

書斎

漱石山房記念館

地図P6C3 P113 参照

　小説「吾輩は猫である」や「三四郎」などで有名な夏目漱石が晩年を過ごした地に平成29年（2017）9月に開館。館内1階ではまず漱石と新宿の関わり、生涯、人物像、家族などをグラフィックパネルと映像で紹介する。さらに「漱石山房」の一部、数々の作品を生み出した書斎・客間・ベランダ式回廊が再現されており、漱石の人となりを体感できる展示となっている。2階では新宿区が所蔵する草稿などの資料を展示するほか、様々なテーマの特別展を開催しており、漱石の文学の世界を学ぶことができる。また、B1階の図書室で漱石作品や関連図書を閲覧することもできる。

新宿御苑

地図P9B1 P111 参照

　明治39年（1906）、信州高遠藩主内藤氏の江戸屋敷であった地に、皇室の庭園として誕生。昭和24年（1949）に国民公園として一般公開されるようになった。現在は環境省が所管。約18万坪（58.3ha）の広大な敷地には、フランス式整形庭園・イギリス風景式庭園・日本庭園、母と子の森などの名園や10,000本を超える木々が植えられ、春にはサクラ、秋にはイチョウなど、四季を通じて楽しめる自然豊かな公園である。また、明治時代に天皇や皇族の休憩所として造られた旧洋館御所（公開は毎月土日祝のみ）や茶室楽羽亭など、貴重な歴史建築も残されている。

東京消防庁消防博物館　防災

地図P6C4 P114 参照

　四谷消防署との合築で、平成4年（1992）にオープンした、わが国で初めての消防博物館。常設展示で、江戸時代の火消しにはじまり、明治・大正・昭和の消防の変遷、現代の消防活動を映像やクイズ、ジオラマなどを使って分かりやすく説明している。地下1階には大正から平成にかけて活躍したクラシックカー7台、1階には昭和57年（1982）まで使用された初めての消防ヘリコプター「ちどり」などが展示されている。3階では現代の消防活動を、アニメと模型のショーステージコーナーなどで紹介。4階は、明治から昭和にかけて近代化した消防の姿を、5階は江戸時代の消防の誕生と、粋でいなせな町火消たちの活躍を、錦絵やジオラマなどで紹介している。また、5階屋外では昭和63年（1988）まで活躍した消防ヘリコプター「かもめ」が展示、操縦席に乗ることができる。

5階屋外

広大な緑に囲まれた明治神宮の周囲には、原宿や青参道など若者の街が広がっている。広大な緑に囲まれた明治神宮や、とんがり屋根の塔をちょこんと載せた原宿駅のシックな木造駅舎を背景に、原宿や表参道など若者の街が広がっている。欅並木が美しい表参道、これと交差する明治通りが原宿のメインストリートである。いわゆる「原宿文化」の竹下通り、大人の雰囲気の青山通りなど、通りによって異なる個性があって楽しめる。

明治神宮　歴史・文化

地図 P9A1 P118 参照

　明治天皇（1852〜1912）と昭憲皇太后（1849〜1914）の崩御の後、その神霊を祀るために、大正9年（1920）に創建された神社。創建当初の社殿をはじめ、主要建物は昭和20年（1945）の第二次大戦の際、空襲で焼失したが、昭和33年（1958）に復興された。東京ドーム15個分の広さをもつ代々木の杜は創建当初、草原と田畑ばかりの土地だったが、100年後を想定した壮大な造苑計画が立てられ、現在では234種類、数万本の樹木が繁り、鳥がさえずる広大な森となった。

明治神宮御苑

地図 P9A1 P118 参照（明治神宮内）

　明治時代に宮内省の所管となるまで、江戸初期以来加藤家、井伊家の下屋敷の庭園だった。苑内には隔雲亭、お釣台、四阿、清正井などがある。曲折した小径が美しい笹熊の間を縫い、武蔵野特有の面影をとどめている。また、明治天皇が昭憲皇太后のために植えさせられた江戸種のハナショウブがある菖蒲田は特に有名。シーズンの6月中旬は多くの拝観者で賑わう。

明治神宮ミュージアム　歴史・文化

地図 P9B2 P118 参照

　明治神宮鎮座百年祭記念事業の一環として、令和元年（2019）10月に開館。重要文化財として現存する宝物殿に納められていた御祭神の御物、日常ご使用の机、文房具、筆筒、愛読書、乗車の馬車、着用装束、その他の調度品などを収蔵・展示している。杜に溶け込むような、隈研吾設計の建物が特徴。

　1階「杜の展示室」では、「百年」「一年」「一日」「一刻」という4つの時間軸を通して解説した展示となっており、神宮の歴史や年中行事、参道を清める箒や巫女さんが身に付ける冠などの品々を展示紹介。2階「宝物展示室・企画展示室」では、御祭神である明治天皇・昭憲皇太后ゆかりの品々や、大日本帝国憲法発布当日に使われた荘厳な六頭曳儀装車（馬車）をはじめとした御宝物を展示する。

竹下通り

地図 P9B1・B2

　古くは竹下町という町名であったことからその通り名が付き、1970年代以降にデザイナーズ＆キャラクターズブランドやメンズファッション、タレントショップなどが流行し商店街として発展した。雑貨やアクセサリー、洋服、テイクアウトなどの店が所狭しと立ち並ぶこの通りはパンケーキやクレープなど様々なブームが生まれ、人気店はいつも多くの人が列をなしている。1990年代から「カワイイ」文化の発信地として海外からも注目されており、世界的に有名なポップスターとなった「きゃりーぱみゅぱみゅ」を生んだ場所ともいえる。

原宿竹下通り
©(公財)東京観光財団

キデイランド原宿店

地図 P9B2 P108 参照

　昭和25年（1950）、代々木公園がワシントンハイツ（アメリカ軍の駐屯地）だった頃、書店としてオープン。外国人顧客向けに洋書や雑貨を早くから取り扱っていた。平成24年（2012）、建替えを経てグランドオープンし、国内外の人気キャラクターグッズ、最新のトレンド商品、トイ・バラエティを扱っている。店内には「スヌーピータウンショップ」、「リラックマストア」、「ハローキティショップ」などの人気キャラクターの専門店や専門コーナーがあり、原宿店でしか手に入れることのできない限定商品も販売している。またバリアフリー環境が整備され、外国人対応が可能なスタッフが揃うなど、車いす・ベビーカーや外国人にも配慮したサービスを向上させており、表参道のランドマークとしてと国内外の人に人気のエンターテイメントショップとなっている。

浮世絵太田記念美術館 歴史・文化
地図 P9B2 P106 参照

　徳川時代初期に誕生、発展を見せた浮世絵。欧米に流出した大量の浮世絵の蒐集に60年余にわたり努めた、東邦生命保険相互会社の元会長である太田清蔵の浮世絵コレクションを所蔵・公開する浮世絵専門の美術館。昭和55年（1980）の開館して、歌川広重や葛飾北斎、菱川師宣などを含め、浮世絵の初期から終末にいたるまでの代表作品を網羅したコレクションは約12,000点にのぼっている。月毎にテーマを決めて全作品を入れ替えるため、来る度に違う作品を楽しめるという。

© 2015 Peanuts

吹抜け大階段

おもはらの森

東急プラザ表参道原宿店
地図 P9B2 P114 参照

ファッションというと奇抜なイメージがある原宿に、平成24年（2012）にオープンした商業施設。外見は、一見するとマジンガーZの頭部の印象も与える。アジア初上陸の「トミー ヒルフィガー」のグローバル旗艦店、バロックジャパンリミテッドのグローバル旗艦店「ザ・シェルター トーキョー」や、オーストラリア発のレストラン「bills」などの店舗が軒を並べている。

屋上には「おもはらの森」と呼ばれる誰でも気軽に利用できる場があり、巣箱や水飲み場を設置して生物多様性保全の取組みを行っている。この屋上緑化に加え、風力発電・自然光を利用した節電も行い CO_2 削減への取組みも行っており、商業施設としてだけではなく、自然との調和をとるための新しいスタイルのショッピングセンターとなっている。ちなみに「おもはら」とは表参道・原宿からきている。

表参道ヒルズ

地図 P9B2 P107 参照

建築家・安藤忠雄による設計で平成18年（2006）にオープンした専門店などの商業施設や住宅などで構成された複合施設。商業エリアは、西館、本館、同潤館の3つの建物からなり、本館の地下3階から地上3階まで及ぶ吹抜け空間では、それを螺旋状に囲むように表参道の坂とほぼ同じ勾配の坂が設置されている。その坂に沿ってショップやレストランが並んでおり、訪れた人を飽きさせずに自然にさりげなく誘導する建築はおもしろい。メインのターゲットが大人であるだけに、こだわりの店舗もあり、文化・アート・環境に関するイベントなどを多数開催している。また、大階段につながる地下3階には約550㎡の広さを持つイベントスペース「スペース オー」などがある。北側の壁面緑化も行っており、四季折々を楽しめる7種類の植栽を植え、ケヤキ並木と融合する緑豊かな景観が楽しめる。

ラフォーレ原宿

地図 P9B2

古くは「竹の子族」に始まり、ゴスロリなど独自のファッション文化や、日本のクレープ発祥の地である原宿に昭和53年（1978）オープンした。常に時代のニーズを先読みしたショップの展開で、数々のブームを巻き起こした原宿文化の仕掛人とも評されるファッションビルである。数多くのショップが集積しており、ファッション、音楽、雑誌、あらゆるジャンルのカルチャーの最新情報を吸収できる。6階ラフォーレミュージアムでは作家のアートイベントや話題性の高い演劇が公演されるなど、ファッションと共にチェックしておきたい原宿のストリート・カルチャーを発信している。

渋谷区周辺 地図 P9

道玄坂、スペイン坂など、渋谷駅を中心にすり鉢状になった坂の多い街。ゆるい傾斜になった大通り沿いには、パルコやSHIBUYA109など大型ファッションビルや専門店、少し路地を曲がれば、セレクトショップや古着屋などの穴場的なお店が見つかる。都民はもちろん、内外から多くの観光客が訪れる、新しい感性が溢れる刺激的な場所である。

2014 年撮影

SHIBUYA109・MAGNET by SHIBUYA109

地図 P9A2・B2 P111 参照

人の流れが集中する渋谷でも一際人気の高い、「マルキュー」の愛称で知られる「SHIBUYA109」(地下2階・地上8階)と、アパレル・雑貨・カフェなどを取り揃えた「MAGNET by SHIBUYA109」(地下2階・地上7階)。109店内には流行のウェア、アクセサリー、バック、シューズ、雑貨等がズラリと並んでいて、ここに行けば欲しい物が必ず見つかるはず。上階にはレストランフロアもあり、カフェで軽くお茶を飲むのも良し、食事を楽しむのも良し。MAGNET by SHIBUYA109 店内7階には食のスポット「MAG7 (マグセブン)」があり、食・アート・音楽など多様なコンテンツがそろえられている。

QFRONT

地図 P9B2 P109 参照

ビル正面の大型ビジョン「Q'SEYE (キューズアイ)」が目印。地下2階から7階までがCDやビデオ、DVDのレンタル・販売、ゲームや書籍販売を行う大型レンタルショップ「TSUTAYA」。その他、1階にはスターバックスコーヒー、7階にはブック&カフェなどがある。

モヤイ像

渋谷駅前の忠犬ハチ公像

戸栗美術館
地図 P9A2 P116 参照

昭和62年 (1987)、古陶磁専門美術館として開館。実業家・戸栗亨が長年にわたり蒐集していた陶磁器を中心とする美術品約7,000点 (古陶磁器、古書画など) を収蔵、展示。特に江戸時代に製作された「肥前陶磁」(伊万里、鍋島) に力を入れて展示紹介している。東洋の古陶磁器は内外でも有数のコレクションといわれる。

日本民藝館
地図 P9A2 P117 参照

民衆の生活工芸品に「健康の美」「正常の美」を認めた、民芸運動の創始者かつ美学者であった柳宗悦 (1889〜1961) を中心とする同志らによって企画され、大原系三郎をはじめとする有志の援助のもとに昭和11年 (1936) 開館。内外の陶磁器をはじめ、織物・染物・絵画・木漆工など、コレクションは多岐にわたり、その数約17,000点におよぶ。3ヶ月ごとに陳列替えし、収蔵品を中心に常時500点を展示する。陳列室は企画展の会場となる「新館大展示室」と、木造2階建ての「本館展示室」7つからなり、1階は日本古陶磁、外国諸工芸品、日本の染織品を紹介、2階では李朝工芸、日本木漆工、絵画、そして個人作家作品を紹介している。

渋谷ヒカリエ
地図 P9B2 P111 参照

平成24年 (2012) 4月に開業した施設。百貨店よりカジュアルな商業施設であり、堅苦しくなく、リラックスした気持ちで入れる施設になっている。ワンランク上の生活を求め、ちょっといいものを持とうという気分を抱かせてくれる場所。地下3階から5階まで食品・化粧品・ファッション・雑貨などの店舗が軒を連ねる。6〜7階はレストランになっており、ハンバーガーや自家製パンなど食事スポットして利用することもできる。

8階にある「クリエイティブフロア8/ (はち)」は、新しいかたちのアートスペースになっており、オムニバス的に様々な個展や展示、スペシャルトークなどを行っている。感性を磨く施設としても活用できるのではないでしょうか？

ちなみに「渋谷ヒカリエ」は、これまでにない新しい発想の複合ビルとして、渋谷から未来を照らし、世の中を変える光になるという意志が込められているそうだ。

渋谷スクランブルスクエア (渋谷スカイ)
地図 P9B2 P111 参照

令和元年 (2019) 11月に誕生した渋谷の新ランドマーク。地上47階建ての建物にはオフィス、ショップ＆レストラン、ワークショップなどのイベントスペースとしても活用できる共創施設「SHIBUYA QWS (渋谷キューズ)」が入り、開業3ヵ月で来館者数は600万人を超える盛況ぶりを

みせている。注目は展望施設の**「SHIBUYA SKY (渋谷スカイ)」**。14階〜45階の移行空間「SKY GATE (スカイゲート)」、屋上展望空間「SKY STAGE (スカイステージ)」、46階の屋内展望回廊「SKY GALLERY (スカイギャラリー)」の3つのゾーンで構成されており、渋谷上空約230mから広がる360度の景色を楽しめるとともに、眺望体験と空間演出を融合したインタラクティブなコンテンツを用意されている。他にも「日本」「東京」「渋谷」のカルチャーとライフスタイルを体感できるお土産ショップもある。

提供元「渋谷スクランブルスクエア」

岡本太郎記念館

地図 P9B1 P107 参照

　戦前、岡本一平・かの子・太郎の一家が暮らした旧居が戦災で焼失し、戦後に友人の坂倉準三（パリ博の日本館設計者）の設計でアトリエを建築。ブロックを積んだ壁の上に凸レンズ形の屋根をのせたユニークな建物で、当時大いに話題を呼んだ。以来、平成8年（1996）に84歳で亡くなるまで、建物は昭和29年（1954）から生活した岡本太郎のアトリエ兼住居であり、万国博の**「太陽の塔」**をはじめ、巨大なモニュメントや壁画など多数の作品の構想を練り制作した場所である。膨大なデッサン・彫刻・モニュメント・壁画など、生前のエネルギーが今もなお感じられる。年4回のテーマをもった企画展で公開される。

国連広報センター（UNIC）　国際

地図 P9B2 P110 参照

　昭和33年（1958）、日本において国際連合を代表し、国連の活動全般にわたる広報活動を行うため、国連広報局直属の機関として設置された。毎年、10月24日の国連デー周辺の日に「国連デー記念講演会」を、また国連をどのように教えるかというテーマの下に、「国連教育シンポジウム」などを開催。その他、テーマ別に講演会やNGOとの懇談会なども開催している。UNハウス（国連大学本部ビル）の図書室は、国連大学出版物の閲覧または、国連大学ライブラリーの重点テーマ関連の調査・研究、国連文書の調査・閲覧などを目的とした場合は利用できる。事前予約要。ライブラリーの見学、蔵書管理・検索システム、国連諸組織のWebサイト、各種データベース等の案内など、要望に応じてデモンストレーションしてくれる。

渋谷区立 松濤美術館
地図 P9A2 P111 参照

　昭和56年（1981）に開館。絵画、彫刻、工芸など幅広い分野・時代にわたる年5回の特別展のほか、2〜3月には渋谷区に関連する展覧会（区内者の公募展や区内の小中生による絵画展など）を開催。展示のほかにも、音楽会や講演会、ギャラリートーク（展示解説）、美術映画会や専門家による美術相談を行っている。

　また、区内の高校生以上を対象に、実技指導を行う美術教室を開催、地域に根ざした美術教育・普及を行っている（小学生のクラスあり）。閑静な住宅街の一角にある重厚な印象をもつ石造りの外観で、噴水や吹き抜けと美しく調和する建物である。

王子周辺 地図 P7

王子は、JR京浜東北線や東京メトロ南北線、東京さくらトラム（都電荒川線）が交わる、交通の重要なポイントの一つとなっており、王寺駅のすぐ側には桜の名所と知られる飛鳥山公園が広がり、見学・学習施設が集まっている。かつては、製紙をはじめとした産業に賑わった界隈だったが、今では沿線の大住宅地となっている。

お札と切手の博物館

政治・経済

地図P5E2 P107 参照

明治4年（1871）に大蔵省紙幣司の名で創設されたお札と切手に関して総合的に学べる国立印刷局の博物館。

1階展示室では、お札の偽造を防ぐために改良されてきた特殊な印刷技術や製紙技術の歴史を紹介しており、現在のお札に刷られている「地紋印刷」（コピーをすると印刷物に文字などが浮き出てくる印刷）と「凹版印刷」を重ね刷りする工程が分かる資料や模型を展示している。また、現在でもお札に使われている「すかし」技術の歴史や、顕微鏡と液晶画面によるお札に印刷されたマイクロ文字を探す装置など体験装置も設置されており、偽造防止技術について楽しく学ぶことができる。

2階展示室では、日本のお札や切手に関する歴史と印刷技術の変遷等を知ることができる。江戸時代の大名が木版刷りで発行した藩札や、明治政府が偽造防止のエッチングを施した太政官札のほか、竜2匹が描かれた日本初の切手「竜文切手」（1871年発行）や、日本の切手の中で一番大きい「見返り美人」（1948年発行）など貴重な資料を収蔵し展示している。この他にも全158種の世界のお札や珍しいお札を展示しているコーナーなどがある。

六義園

地図P7A2 P119 参照

5代将軍・徳川綱吉の信任が厚かった川越藩主・柳沢吉保が、自ら設計指揮をし、平坦な武蔵野の一隅に池を掘り、山を築き、7年の歳月をかけて元禄15年（1702）に築庭した、和歌の趣味を基調とする「回遊式築山泉水」の大名庭園。

池を巡る園路を歩きながら移り変わる景色を楽しめる繊細で温和な日本庭園で、当時から小石川後楽園とともに江戸の二大庭園と言われた名園である。庭園は中之島を有する大泉水を樹林が取り囲んでいる。明治時代に入って三菱創設者・岩崎弥太郎の別邸となったのち、昭和13年（1938）に岩崎家より東京市（都）に寄付され、昭和28年（1953）には、国の特別名勝に指定されている。

北区防災センター（地震の科学館） **防災**

地図P7A1 P108 参照

昭和59年（1984）に開館。地震波模型や展示パネルで、地震の起きる仕組みや地震の歴史、地震によって引き起こされる被害、北区の防災体制等を学ぶ。起震機とコンピュータにより、関東大震災・阪神・淡路大震災・東日本大震災・熊本地震の過去に起きた地震の揺れを体験できたり、煙体験では、館内の施設で、煙が充満した通路を歩くことができ防災に関する正しい知識を身につける事ができる。

飛鳥山公園

地図 P7A1 P105 参照

　8代将軍・徳川吉宗が、仕立て上げた「さくら」名所。吉宗が享保の改革の施策の一環として、江戸っ子たちの行楽の地としたのである。こうして誕生した飛鳥山は、当時、桜の名所地では禁止されていた「酒宴」や「仮装」が容認されていたため、江戸っ子たちは様々な趣向を凝らして楽しんだという。公園内には、**紙の博物館、北区飛鳥山博物館、渋沢史料館**、野外ステージの飛鳥舞台などがある。

紙の博物館

地図 P7A1 P108 参照（飛鳥山公園内）

　昭和25年（1950）、旧王子製紙（株）の収蔵資料をベースにした世界有数の紙専門の博物館。

　総合学習・校外学習等の小中学生の団体には、見学に当り、紙に詳しい解説サポーターなどが案内してくれる。また、体験学習として牛乳パックの紙をリサイクルした原料で、手すきハガキを作る「紙すき体験」もでき、楽しみながら学べる施設となっている。

紙の博物館　記念碑コーナー

北区飛鳥山博物館

地図 P7A1 P105 参照（飛鳥山公園内）

　平成10年（1998）に開館した博物館で、北区の自然・歴史・文化を紹介する。「常設展示室」では、弥生人の竪穴住居の一部を実物大で復元し、律令時代の米を収めた倉を復元しているなど、14のテーマで展示している。「豊島郡衛の正倉」では、律令時代の米を収めた倉を復元しており実際に触る事もできる。

北区飛鳥山博物館　弥生人のムラ

渋沢史料館

地図 P7A1 P111 参照（飛鳥山公園内）

　近代日本経済社会の基礎を築いた渋沢栄一（1840〜1931）の旧邸「曖依村荘」跡に、昭和57年（1982）に開館。令和2年（2020）にリニューアルオープン。館内では「ふれる」、「たどる」、「知る」の3つのテーマで渋沢の人柄や事業活動を紹介するとともに、かつて住んでいた飛鳥山邸をデジタル画像で体験できるコーナーや図書コーナーなどがある。他にも旧邸内には渋沢の77歳と80歳のお祝いで寄贈された大正期の2つの建物「晩香廬」と「青淵文庫」（いずれも国指定重要文化財）があり、その功績の大きさを感じられる場所となっている。令和6年（2024）には新一万円札の顔ともなると発表された。

渋沢栄一

旧古河庭園

地図 P7A1 P108 参照

　設計者の異なる洋風庭園と和風庭園からなる広さ30,780㎡の庭園で国の名勝。洋風庭園と洋館は、鹿鳴館、旧岩崎邸庭園洋館、ニコライ堂などを手掛けた英国人ジョサイア・コンドル博士によって設計された。

　古典様式・レンガ造りの洋館は、赤味をおびた新小松石（安山岩）で覆われた外壁が落ち着いた雰囲気である。テラス式の庭園はバラが見事で、春・秋シーズンには大勢の見物客で賑わう。日本庭園は京都の庭師植治こと七代目小川治兵衛（1860〜1933）作庭で、心字池を中心に枯滝・大滝を配し、大型雪見灯篭が風情を増しており、シーズンではなくても訪れておきたい場所である。

明治神宮外苑周辺 地図P9

明治神宮外苑の広大な土地に、国立競技場や神宮球場などのスポーツ施設が整い、試合の日には歓声が響き渡る。駅前にはテイクアウトのオシャレなカフェもあるので、スポーツ観戦の前に立ち寄るといいかも。外苑東通りを挟んで、向かいには格式高い赤坂御用地があり、外国の大統領や首相などのゲストを招く迎賓館が建つ。

明治神宮外苑 ©ICVB

聖徳記念絵画館

明治神宮外苑

地図P9C1 P118参照

明治天皇・昭憲皇太后二柱を祀る内苑（明治神宮）に対し、明治神宮外苑は、大正15年（1926）に建設された**聖徳記念絵画館**、昭和22年（1947）に結婚式場として建設された明治記念館や、神宮球場、秩父宮ラグビー場、テニスコート、ゴルフ練習場、アイススケート場、フットサルコート等近代的な各種スポーツ施設が完備されている。他にも有名なイチョウ並木があり苑周の遊歩を楽しむ憩いの苑として、多くの人々に親しまれている。昭和39年（1964）に東京オリンピックの主会場となった国立競技場は、平成26年（2014）より建て替え工事に入り、令和3年（2021）の東京オリンピックの主会場となった。

聖徳記念絵画館 歴史・文化

地図P9C1 P112参照（明治神宮外苑内）

大正15年（1982）に建設されたこの施設は、外観は花崗岩貼り、中央に径15mのドームを戴く左右対称の構成とし、当時流行のセセッション風の重厚な意匠でまとめている。中央に大理石張りの大広間があり東西をこの広間で区分し、東側に日本画、西側に洋画を展示してる。幕末から明治時代まで明治天皇の生涯で世の中に起こった出来事を、年代順に前半日本画40枚、後半洋画40枚を展示する。徳川慶喜の**「大政奉還」**や、西郷隆盛の**「江戸開城談判」**、**「岩倉大使欧米派遣」**など日本史の教科書で見かけたことがある数多くの絵を見ることができる。

日本オリンピックミュージアム　スポーツ

地図 P9B1　P116 参照

提供：日本オリンピック委員会

　令和元年（2019）にオープンした日本オリンピック委員会（JOC）が運営するオリンピック博物館。館内には実物・映像・音響機器を使った様々な展示や体験コーナーがあり、オリンピックを見るだけでなく、知って学び、体感できる。

　ミュージアム 1F「**WELCOME AREA**」では、オリンピックの世界観を鮮やかに描く映像を上映し、さまざまな企画展やワークショップなどイベントを開催。なお、フロアの天井やイスで使用されている木材は、昭和39年（1964）の東京オリンピックの際に各国選手団が母国から持ち寄った木の種から育った北海道遠軽町の樹木が使われており、レガシーを受け継いだ施設といえる。

写真：フォート・キシモト／ JOC

　2F「**EXHIBITION AREA**」では大会の起源から、人類最大の祭典になるまでのストーリーを学ぶ「イントロダクション」に始まり、日本人の挑戦にスポットを当て、日本がオリンピックに与えた影響を学ぶ「日本とオリンピック」や、競技に共通する動きを体験し、オリンピアンの身体能力に挑戦する「オリンピックゲームス」など、7つのエリアでオリンピック・パラリンピックへの理解が深められる展示となっている。

オリンピックシンボル

　屋外「**MONUMENT AREA**」では「近代オリンピックの父」と呼ばれるピエール・ド・クーベルタン像や、日本のオリンピック初参加に尽力した嘉納治五郎像、1964年東京大会聖火台レプリカなどを展示。貴重な展示が目白押しになっており、きっと今までとは違った視点からオリンピックを受け継ぐ手伝いができる場所となっている。

2F オリンピックゲームズ

TEPIA 先端技術館　科学技術

地図 P9B1　P114 参照

　2022年「CONNECT」をテーマにリニューアルオープンしたTEPIA 先端技術館は、より良い未来社会をつくるために解決が必要な社会的課題と、その解決に役立つ先端技術を、子供から大人まで体験を交え、分かりやすく紹介する無料の展示施設。（事前予約制）

　1Fショーケースエリアでは「暮らし・経済」「社会」「地球・生命」「ニューノーマル社会」の4つのテーマに沿って、それぞれの課題解決に役立つ先端技術を展示しており、体験しながら見学することができる。さらにワークショップエリアでは、30分程度のワークショップに参加でき、初心者でも簡単に楽しみながらプログラミングを学ぶことが可能。

TEPIA クリエイティブラボ

　また、2Fには3Dプリンタやレーザー加工機などの工作機器を取り揃えたクリエイティブラボがあり、独自の発想でモノづくりに取り組めるスペースになっている。映像視聴のほか3Dプリンタやレーザー加工機の動く様子なども見学でき、随時スタッフが説明や案内をしてくれる。

TEPIA ワークショップエリア

和風別館

迎賓館赤坂離宮

地図P9C1 P109 参照

明治42年（1909）に東宮御所として建設された、日本では唯一のネオ・バロック様式による宮殿建築物。世界各国から国王、大統領、首相などの賓客（ひんかく）を迎える国の迎賓施設であり、本館は国宝に指定されている。本館・和風別館・庭園は一般見学も可能となっており、条約・協定の調印式、晩餐会、首脳会談などが行われる装飾が施された部屋は圧巻である。本館・庭園の申し込みは不要だが、和風別館は事前予約が必要。内閣府HPを要確認。

東京将棋会館
地図P9B1 P111 参照

1階の売店では、プロのタイトル戦で使用された将棋盤や駒、オリジナルグッズ、プロ棋士の直筆色紙額セットや直筆サイン入り扇子（せんす）、将棋に関する書籍などを販売している。2階道場では将棋を楽しむこともでき（有料）、棋力を認定してくれる（無料）。会員の将棋教室も各種行われている。1階・2階は、自由に見学可能である。学校の修学旅行・校外学習などでの見学は一週間までに予約が必要。希望すれば、将棋の歴史などのレクチャーを受ける事や、プロ棋士の対局を観戦することもできる。
※編集時点で見学中止中。2024年に移転予定。

参観コース（参観料は特別展が無い場合の通常時）※入場は西門
●本館（羽衣の間、朝日の間、彩鸞の間、花鳥の間、玄関ホールなど）
●和風別館（主和室、即席料理室、茶室、和風庭園など）※ガイドツアー
●庭園（主庭及び前庭）

①本館・庭園	公開時間：10時〜17時（受付〜16時）　所要60〜90分 参観方法：当日受付（迎賓館西門へ）※20名以上はHPより事前予約 対象年齢：なし 料　　金：一般1,500円　大学生1,000円　中高生500円 　　　　　小学生以下無料
②和風別館・本館・庭園	開始時間：10時半・11時・11時半・12時・12時半・13時・13時半・ 　　　　　14時・14時半・15時　所要120〜150分 参観方法：HPより事前予約（定員20名） 対象年齢：一般、大学生、中高生 料　　金：一般2,000円　大学生1,500円　中高生700円
③和風別館・庭園	開始時間：10時半・11時・11時半・12時・12時半・13時・13時半・ 　　　　　14時・14時半・15時　所要60〜90分 参観方法：HPより事前予約（定員15名） 対象年齢：一般、大学生、中高生 料　　金：一般1,500円　大学生1,000円　中高生500円
④庭園	公開時間：10時〜17時（受付〜16時半）所要30〜45分 参観方法：当日受付（迎賓館西門へ） 対象年齢：なし 料　　金：一般300円　大学生以下無料

目黒周辺 地図 P9

この界隈（かいわい）は、日本麦酒醸造株式会社（現・サッポロビール）の工場が建設されたのをきっかけに発展した。平成6年（1994）、その工場跡地に、衣食住のそろう複合施設として「恵比寿ガーデンプレイス」が誕生し、近代的な大型施設と古くからの緑地や下町風情が混ざり合い、独特の雰囲気を醸し出している。近くには東京都庭園美術館や国立科学博物館附属自然教育園があり、自然に囲まれた散策（さんさく）に適した土地柄である。

東京都写真美術館
地図 P9B3
P115 参照（恵比寿ガーデンプレイス内）
　平成7年（1995）、日本初の写真と映像に関する総合的な美術館として恵比寿ガーデンプレイス内にオープン。平成28年（2016）にリニューアルオープン。
　1階ホールでは「写真美術館で観る映画」と題し、邦画や洋画の良質な作品を公開している。2・3階展示室では収蔵作品を中心に構成される展示及び国内外から広く作品を集めた独自企画による多様な展覧会を開催。地下1階展示室では映像展のほか、国内外の美術館との共催展や巡回による展覧会など、各種展覧会を開催している。また、収蔵している約3万5千点の作品をコンピュータ端末で検索することもできる。
　ほかにも小中高生の授業とリンクした「スクールプログラム」も用意されており、写真、映像について学ぶ体験学習として写真の現像体験や、ムービーを共同で作ることができる手作りアニメーション体験などがある。

恵比寿ガーデンプレイス

地図 P9B3　P107 参照

　都心に登場した「水」と「緑」の複合都市。グラススクエア、恵比寿三越、恵比寿ガーデンシネマ、ウェスティンホテル東京、ザ・ガーデンホール／ルーム、**エビスビール記念館**、**東京都写真美術館**、恵比寿ガーデンテラス弐番館、恵比寿ガーデンプレイスタワーなどが並んでいる。レストラン＆カフェなども充実しており、自分のペースでゆったりと過ごせるところである。

エビスビール記念館　企業　※ 2023 年末まで休館予定

地図 P9B3　P107 参照（恵比寿ガーデンプレイス内）

　恵比寿ガーデンプレイス内のサッポロビール本社の一角にある。百年余にわたるサッポロビール恵比寿工場を記念するとともに、ビール文化を伝えている。平成22年（2010）2月にリニューアルオープン。館内にはエビスの誕生から現在までの歴史を資料や映像で紹介する「**エビスギャラリー**」。館内で販売しているエビスコインで様々なエビスを味わえる「**テイスティングサロン**」。館内でしか手に入らないオリジナルグッズ満載（まんさい）の「**ミュージアムショップ**」がある。一番のおすすめは「**ヱビスツアー**」。エビスのエキスパートであるブランドコミュニケーターによるギャラリー展示物の説明やツアー参加者だけが2種類のエビスを試飲しながら、ブランドコミュニケーターからおいしい飲み方を紹介してもらえる。エビスをすべて知ることのできるガイドツアー（試飲有・約40分）（有料）。中学生など未成年の場合でもソフトドリンク付きで、ツアーに参加する事ができるのでご安心を。

目黒寄生虫館
地図 P9B4 P118 参照

　世界で唯一つの寄生虫の博物館で、寄生虫に関する様々な資料や展示を楽しむことができる。展示物は約300点の寄生虫実物標本（ホルマリン漬け）、蝋細工の寄生虫・昆虫模型、寄生虫罹患者の写真パネルなど。なかでも長さ約8.8mに及ぶサナダムシの実物標本は必見である。同名の財団法人が運営しており、6階建てのビルの1・2階を展示スペースとしている。普段の生活ではあまり馴染みが無い寄生虫ではあるが、そもそも「寄生」は動植物の生息の仕方のひとつに過ぎない。「きもちわるい」「こわい」というイメージがあるが、大体は寄生される宿主と折り合いを付けて生活している隣人である。

ホリプロ・インプルーブメント・アカデミー　修学旅行一日体験楽習
地図 P9B4 P118 参照

　タレントのマネージメント事業を中心に映像や演劇のプロデュースなどさまざまな事業を展開する総合エンターテイメント企業「ホリプロ」が提案する新しい形の教育プログラム。ここでは子供の成長に必要なエデュケーション（教育）にエンターテインメント（娯楽）を組み合わせた教育プログラム「エデュテインメントプログラム」により、一人一人の可能性を確実に伸ばすレッスンを行っている。修学旅行生向けの体験楽習は、ダンスやパフォーマンスなど実際に体を動かす**エンターテイメントコース**や、元客室乗務員が文化の異なる方々の暮らしぶりや実際に海外で使える表現などを講義する**異文化体験コース**など多彩なカリキュラムがあり、学ぶ楽しさを発見できるプログラムといえる。

杉野学園衣裳博物館
地図 P9B4 P112 参照

　昭和32年（1957）開館、日本で最初の衣装をテーマにした博物館。創設者の杉野芳子は日本で服飾教育を進めた人物として知られ、この博物館は学校法人杉野学園の附属施設として機能している。収蔵品は、西洋歴史衣装、日本の着物や女房装束（十二単）、アジア・ヨーロッパの民族衣装、ファッション・スタイル画などの服飾資料に加えて、1950〜1970年代に作られた楮紙製のマネキン30体も収蔵する。

　展示品はテーマによって変わるが、見るポイントや展示品の歴史などが解説されている。さまざまな観点から衣装を見ることで、服飾をより知ることができる。

国立科学博物館附属自然教育園

地図P9C3 P110 参照

　園の生い立ちは、今から400～500年前、中世の豪族の館からはじまる。江戸時代は讃岐高松藩主松平頼重の下屋敷、明治時代は陸海軍の火薬庫、大正時代は宮内庁の白金御料地としての役割を果たし、昭和24年（1949）に全域が天然記念物および史跡に指定を受け一般公開されている都会に残された自然豊かな森である。昭和37年（1962）、国立科学博物館附属自然教育園となった。一般的な植物園や庭園と違い、できる限り自然の本来の姿に近い状態にあり、季節ごとに様々な植物や昆虫、鳥たちが姿を見せる。また、一部では昔から東京にある植物群落を再現している。あらゆる研究活動のほか、入園者を対象に日曜観察会や自然史セミナー、子ども自然教室などを開催している。

東京都庭園美術館

地図P9C4 P115 参照

　ヨーロッパのアール・デコ様式を取り入れた建物は、昭和8年（1933）に朝香宮邸として建てられた。戦後の一時期、外務大臣・首相公邸、都の迎賓館などとして使用されてきたが、昭和58年（1983）、美術館として公開されるようになった。主要部分はフランス人デザイナー、アンリ・ラパンが設計。大広間や大食堂、香水塔などに用いられた内部装飾も、フランスをはじめ海外から輸入されたものが多用されている。また基本設計と内装の一部は宮内省内匠寮の建築家が担当し、アール・デコ様式に日本独特の感性を付け加えている。杉、サクラ、金木犀と、様々な草木が繁る広大な庭園に囲まれ、自然と建物と美術作品をあわせて楽しめる環境に恵まれていることから庭園美術館という名も由来している。展覧会は年数回、テーマを決めて行われている。

大食堂

松岡美術館
地図P9C3 P118 参照

　実業家松岡清次郎（1894-1989）が長年にわたって蒐集した東洋古美術品等を一般に公開するため、昭和50年（1975）に新橋の自社ビル内に開設。平成12年（2000）、現在地の松岡私邸跡地に、建物として独立した新美術館を建設。収蔵品は室町水墨画にはじまり、橋本雅邦、上村松園など近代の巨匠の作品などを集めた日本絵画、19世紀の印象派を中心にルノワール「リュシアン・ドーデの肖像」、モネ「サン＝タドレスの断崖」などのフランス近代絵画などその多岐にわたるコレクションは貴重なものばかりである。

　1階は常設展示で、古代オリエント美術（展示室1）、ヘンリー・ムア、エミリオ・グレコなどの現代彫刻（展示室2）、古代東洋彫刻（展示室3）を展示し、ロビーにはフランスの彫刻家ブールデルの「ペネロープ像」（1912年）が迎え、壁龕には古代ローマの大理石彫刻「ミネルヴァ」像が展示されている。

　2階の展示室4～6室は、東洋陶磁、日本絵画、ヨーロッパ近代絵画の各分野より、テーマを決め定期的に企画展を行っている。

本館玄関

浅草・東京スカイツリー周辺

地図 PU

江戸時代に最も栄えた繁華街が、この浅草でした。浅草の歴史は古く、鎌倉時代に
は町に人さも則んに高い文化を持つ町として機能していた。まず最初に、浅草文化
観光センターに立ち寄れば、より詳しく浅草を知ることができ、その後「雷門」で有名な都内最古のお
寺・浅草寺を訪れ、江戸たいとう伝統工芸館などで、下町風情をたっぷり味わおう。そして平成24年
(2012) 5月21日に開業した東京スカイツリー、吾妻橋から見るその姿は圧巻である。

© TCVB

浅草寺　歴史・文化

地図 P8A3 P112 参照

　寺社への参拝や観光の人々の数では日本一と
いわれている。浅草寺の総門である有名な「雷
門」(昭和35年 (1960) 再建) をくぐり、雷おこ
し・江戸玩具・七味唐辛子など老舗が立ち並ぶ
仲見世通りに入ると、下町・浅草の活気ある呼
び声が聞こえてくる。仲見世の300mはある
石畳を行くと、宝蔵門(昭和39年 (1964) 再
建) があり、本堂に到着。草創は推古天皇36
年 (628)、漁師であった桧前浜成・竹成兄弟が、
網にかかった一体の観音様のお像を持ち帰り、郷司土師
中知 (諸説あり) が祀ったのがはじまりと伝える。江戸
時代は幕府の祈願所となり大いに繁栄した。現在の本堂
は昭和33年(1958)の再建で、徳川家光再建の国宝であっ
た旧本堂は、戦災で惜しくも燃えてしまった。本堂中央
に本尊 聖 観世音菩薩「お前立ち」を安置する宮殿があり、
その左右には梵天・帝 釈 天の二天が、堂内後方左右に
は不動 明 王像と愛染 明 王像が祀られる。境内には他に
元和4年 (1618) 建立の二天門 (重文)、五重塔 (昭和48
年 (1973) 再建)、伝小堀遠 州 作の回遊式庭園が残され
る浅草寺の本坊である「伝法院」(非公開) などがある。

雷門 (風雷神門)

浅草神社

地図 P8A3 P105 参照

　浅草寺本堂に向かって右隣にある浅草神社は、慶安2年
(1649) 家光が寄進したもので、拝殿・幣殿・本殿が重要文
化財に指定されている。浅草寺の草創に関わった土師中知、
檜前浜成・竹成を主祭神と
し、東照宮 (徳川家康)・大
国主命を合祀する通称は三
社様・三社権現。5月第三
金・土・日の例祭は三社祭
という。祭は3日続き、毎
年180万人程の人が訪れる。

浅草神社　びんざさら舞

浅草花やしき

地図P8A3 P105 参照

　嘉永6年（1853）、時の植木商・森田六三郎により、牡丹と菊細工を主とした花園「花屋敷」として誕生、大正時代から昭和初期には動物園として全国的に有名になった。戦時期には閉鎖されたが、昭和24年（1949）に遊園地として再建され、ファミリーや友達、カップルの憩いの場として長く親しまれてきた歴史をもつ。昭和28年（1953）に生れた日本現存最古、最高時速たったの42km/hの「ローラーコースター」は浅草の名物として今も健在。その他にも縁日広場、飲食店舗も所狭しと立ち並び幅広い年齢層に人気の、懐かしさと新しさが共存する、浅草の名物スポット。平成30年（2018）8月に開園165周年を迎え、近年ではイルミネーション営業やハナヤシキプロレスリングなど新たな娯楽も提供している。令和元年（2019）春にはより一層エンターテイメントを展開していくための新ホール「浅草花劇場」をオープン。

浅草公会堂（スターの広場） 歴史・文化

地図P8A3 P105 参照

　浅草公会堂の入口前にずらりと並んだスターの手形とサイン。区が大衆芸能の振興に貢献した芸能人の功績を称え、昭和54年（1979）より手型とサインの「スターの広場」を創設した。300を超える手型が並び、現在も毎年増えている。公会堂前のスペースが一杯になったため、隣接す

るオレンジ通りの花壇に及ぶ。エノケン、浅香光代、渥美清など浅草に縁の深いスターからビートたけしなど、歌舞伎をはじめ、オペラ、映画など様々な分野の人々に手形を押してもらい、大衆芸能ゆかりの地・浅草のシンボルとして親しまれている。

エース「世界のカバン博物館」
地図P8A3 P106 参照

　全世界50カ国以上から収集された約550点ものカバンを収蔵する博物館。カバンの歴史や製造の技術を紹介する他、世界に3個しか現存しないといわれるワニを12匹使ったキャビントランクや、革の模様が微妙に異なることによって世界に2つとないシマウマのボストンバック、美しい羽の模様を使ったクジャクのハンドバックなどのコレクションが並び見どころである。コレクションは不定期に展示が変わるので、訪れた時とは違った展示が見られ楽しめる特徴がある。また、上の階にはビューラウンジで東京スカイツリーを眺めながらくつろげるスペースもあり、観賞後もゆっくりと過ごせる空間を設けている。エース創業者である新川柳作記念館も併設されている。

東京本願寺（浄土真宗東本願寺派本山東本願寺）
地図P8A3 P116 参照

　天正19年（1591）に京都東本願寺の教如上人が神田に江戸御坊光端寺を開創したのが前身であり、後に京都の東本願寺の掛所（別院）となった。度々火災に見舞われ、明暦の大火で焼失したことで、明暦6年（1660）浅草に移築された。ちなみに江戸浅草御坊は築地へ移転し現在に至っている（築地本願寺）。

　昭和40年（1965）に浅草本願寺の名称を東京本願寺として改称。昭和56年（1981）、京都東本願寺との包括関係を廃止。平成13年（2001）、浄土真宗東本願寺派本山東本願寺と改称している。

太鼓館 _{たいこかん} 歴史・文化
地図 P8A3 P113 参照

太鼓・神輿・祭礼具の老舗、宮本卯之助商店が昭和63年（1988）に開館。世界各地から収集した太鼓、約800点とその参考図書・資料各々を保存・公開する。主な展示物としては、パプアニューギニアのスリット・ドラム、日本の楽太鼓、中国の健鼓など音だけでなく美術的にも見事である。収集品はいずれも歴史的・文化的・民族学的に価値の高いものばかりで、特に和太鼓に関しては、質・量ともに他に類を見ないコレクション。講演会やワークショップも随時開催しており、実際に展示品の太鼓を叩いたり演奏してみたりできる。実演・説明も行っており、レクチャーを含む団体見学を希望の場合は事前連絡を。

江戸たいとう伝統工芸館　歴史・文化
地図 P8A3 P107 参照

明暦3年（1657）に起った「明暦の大火」_{めいれき}をきっかけに多くの職人が集まり、伝統工芸産業の中心地域となった台東区に平成9年（1997）開館、令和元年（2019）にリニューアルオープンした施設。館内では下町の歴史と風土の中で育まれ受け継がれてきた職人たちの高い技術によって作られた江戸簾_{すだれ}や東京桐たんすなどの伝統工芸品48種類約250点を紹介。量産品にはない手のぬくもりを感じられる作品を展示している。また毎週土・日曜には職人の優れた技術、技能を実演で見せてくれるほか、職人から直接指導を受け、工芸品を作ることや展示品の一部をオークションで購入することも可能。

台東区立一葉記念館
地図 P8A2 P106 参照

明治の女流作家・歌人であり、24歳の若さでこの世を去った樋口一葉_{ひぐちいちよう}（1872～1896）の記念館。一葉は五千円札の肖像でもおなじみである。「たけくらべ」の舞台・龍泉寺町の人々が「一葉協賛会」を結成、台東区がその熱意に応えるべく、昭和36年（1961）に記念館を開館。一葉自筆の「たけくらべ」未定稿、処女作「闇桜」原稿、小説の師・半井桃水宛書簡などの_{なからいとうすい}文学的資料のほか、卒業証書や櫛・かんざし、生活のために雑貨屋を開いた時の仕入帳などの遺品等を収蔵し、一部を展示する。また、一葉が暮らした明治20年代の龍泉寺町の町並みを再現した模型なども展示する。不定期に特別展が開催、一葉の命日である11月23日を中心に毎年「一葉祭」と称して、記念講演と一葉作品の朗読会が行われる。

樋口一葉・「たけくらべ」未定稿

花王ミュージアム（花王株式会社すみだ事業所）

地図 P8B3 P108 参照　　企業

　我々が日常でよく使う洗剤の「アタック」や「マジックリン」で有名な花王株式会社。清浄文化や清浄生活の向上に深く関わってきた花王が、これまで収集した数々の史料を展示・公開し、事業活動の歴史から最新の製品までを紹介する。

エントランス

　展示は3つのゾーンに分かれており、ジオラマやタッチパネルを配置して各時代の掃除・洗濯などから人々の暮らしを紹介する「清浄文化史ゾーン」、明治23年（1890）の花王石鹸を発売してから今日までの足跡を当時の製品や映像などの展示で紹介する「花王の歴史ゾーン」、最新の製品の展示と共に機器を使って肌や髪の状態を測定したり、製品特長の仕組みが体感できる「コミュニケーションプラザ」がある。

花王の歴史ゾーン

見学案内

【見学実施日・時間】平日。1回目10時〜、2回目14時〜。
　所要時間60分
【対象年人数】10名以下（小学校3年生以上）
【申込み方法・連絡先】見学日の月の3ヶ月前から電話受付
　03-5630-9004（花王ミュージアム見学担当）

東京消防庁本所防災館　　防災

地図 P8B3 P115 参照

　防火防災に関する意識や防災行動力を体験を通して学べる施設。「地震体験コーナー」では、本物そっくりの地震を体験できるほか、映像で地震に対する備えの重要性を分かりやすく説明。いざという時の行動を身につけることができる。また、「都市型水害体験」では局地的集中豪雨や津波に関する映像、地下のドアや自動車が浸水して水圧がかかっているドアの開放体験ができる。（要予約）

清浄文化史ゾーン「昭和コーナー」

他にも、「煙体験」、「消火体験」、「応急手当体験」、「暴風雨体験」と防災ライブラリーなど模擬災害体験が充実している。4階の「防災シアター」では地震をテーマに迫力ある映像を上映。各体験コーナーは、インストラクターが案内するツアー方式になっておりスタート時間が決まっているので注意。

煙体験コーナー

東京スカイツリー

地図 P8B3 P115参照（東京スカイツリータウン内）

天望回廊 フロア450

©TOKYO-SKYTREE

　東京に着くと、超高層ビルの隙間から一際目立つシルエットが伺（うかが）える。平成24年（2012）5月に開業した東京スカイツリーである。世界一の自立電波塔で、高さ634m。文字ではピンと来ないが、実際に見上げた全ての人に同じ感想を抱かせるだろう。つまり「大きい…」である。この東京スカイツリーは既存の電波塔である東京タワーが位置する都心部では高層建造物が乱立しており、電波が届きにくくなる問題や、ワンセグなど携帯電話などの放送への障害なる問題への改善策が建設目的の一つである。

　東京スカイツリー**天望デッキ**（高さ350m）、東京スカイツリー**天望回廊**（高さ450m）からの眺望は当然素晴らしい。特に天望回廊には窓ガラスで覆われた回廊など工夫が凝らされていて、計算上、約75km、具体的には東京および千葉のほとんどが見渡せる。

　俗に東京で「超」高層ビルというと200m以上、ヘリコプターの遊覧飛行は高度600m程度というから、東京スカイツリーの凄さ・眺望の素晴らしさが想像できるだろう。

　五重塔構造を参考にした「心柱制振（しんばしらせいしん）」や、また微妙な曲線やそり・むくりを生かした日本の伝統建築を思わせる姿は、現代的でありながら日本的な美的要素を感じさせる。ライティングは江戸の心意気「粋」と美意識「雅」を表現した淡いブルーと江戸紫そして、古来より縁起の良い色とされてきた橘色を基調とし垂直性を強調した「幟（のぼり）」の3種類。浅草寺をはじめ江戸の薫る浅草で、大きな木をイメージして当時の先端テクノロジーを駆使した東京スカイツリーがどう調和しているのか、実際に体験しつつ楽しみたい。

東京スカイツリータウン　地図P8B3

　東京スカイツリーの足元や周囲一帯に目を向けると、期待や熱気も高まって、駅は改名し近隣の飲食店などは「新名物」を用意している。

　特に東武スカイツリーライン「とうきょうスカイツリー駅」と各線「押上（スカイツリー前）駅」を結ぶ東京スカイツリータウンは東西長さ約400mの敷地に、東京スカイツリーをはじめ、「東京ソラマチ」や「すみだ水族館」「"天空"in東京スカイツリータウン」、体験型アトラクションゾーン「千葉工業大学 東京スカイツリータウン®キャンパス」が集まっていて、2021年には来場者数が累積3億人を上回るなど、多くの人が訪れている。

東京ソラマチ　地図P8B3 P115参照（東京スカイツリータウン内）

　このタウンの目玉のひとつである東京ソラマチは、300以上の店舗が集まる商業施設で、コンセプトは業平・押上地区らしい「新・下町流」。エリアごとに特色を出していて、一日中、楽しめそう。特にソラマチ商店街では、天井の切妻屋根や江戸切子のショップサイン行灯と、昔ながらな雰囲気の中、食品、雑貨、カフェが並ぶ人気のエリア。当然、最新トレンドや食、そして限定出店なども押さえており、そのショッピングセンター面積は約5万2000㎡。ふらっと立ち寄っただけなら、回り切るどころか、見落とし・迷子になってしまいそうだ。事前の入念な計画がオススメだ。

すみだ水族館　地図P8B3 P112参照（東京スカイツリータウン内）

　天を衝く塔の足元には、海の世界・水族館がある。大都会東京であるが、江戸の庶民の食生活を補ってきた江戸前・東京湾はもとより、伊豆から小笠原といった東京諸島など、意外なほど豊かな海を有している。

　水族館は2階層からなり、入口から出口まで決められた順序も無く、好きな角度・視線で水槽を観賞できる。中に入ると、たゆたうクラゲやカラフルなサンゴ礁の生き物たちが迎えて、私たちを癒してくれる。しかし、ここの名物といえば小笠原の海の世界を再現した東京大水槽だろう。マリンスポーツのメッカであり、世界自然遺産でもある小笠原諸島の海は、透き通った青い世界に、豊かな命の働きを感じさせてくれる。

　本館の水槽は天井部が開放されており、ペンギンやオットセイなどを間近に見られる施設もある。また、「アクア・アカデミー」では体験を通して生き物に親しめるワークショップを開催しており学習の場としての利用も可能である。

コニカミノルタプラネタリウム "天空" in 東京スカイツリータウン®
地図P8B3
P110参照（東京スカイツリータウン内）

　「空が無い街」大都会東京で、満天の星空を手軽に楽しめる場所・プラネタリウム。特にここ"天空"は、驚くほどリアルで奥行きのある星空が再現されており、平成29年（2017）11月のリニューアルオープンに際し、最新の立体音響と投映システム、そしてプレミアムシートを新たに導入している。他にも、著名アーティストとのコラボ作品など、1日に複数の作品が上映され、テーマや興味によって選択できる。

　また、1日に複数回上映されるヒーリングプラネタリウムでは、映像や音楽だけでなく心地良いアロマの香りを演出し、一層のリラクゼーションを楽しめる。

東武博物館 交通・物流
地図 P8B2 P116 参照

　東武鉄道創立90年記念事業として平成元年（1989）開館。開業時の姿に復元した蒸気機関車によるSL運転ショーでの、高らかに汽笛を鳴らし車輪を回転させる姿は迫力満点。SLの走る様子を間近で観察できる。パノラマショーでは、関東平野をイメージした大パノラマの上を約180両の1/80模型電車がコンピュータ制御で走り、東武鉄道の一日を紹介している。また、実物蒸気機関車が見られたり、鉄道・バス運転シミュレーションが体験できるのもうれしい。また、駅務室がどうなっているか、その一部を再現。自動券売機や自動改札機、連動盤の仕組みを見ることもできる。その他、ポイントと信号機、電車の走る仕組み、さらに車輪やモーター、ブレーキ装置などの下部構造を至近距離から観察できる等、ここではいつのまにか鉄道博士になってしまうかも。

郵政博物館 交通・物流
地図 P8B3 P119 参照

　郵便および通信に関する所蔵品を展示・紹介し、手紙や郵便の根源にある「伝える」気持ちを感じさせてくれるテーマパーク。常設展示ゾーンでは身体の動きやジェスチャーなどで操作が可能な郵便配達シミュレーター「Go!Go!ポストマン」や、タッチパネル操作で世界中の切手の中からお好みの1枚を見つける「デジタル切手帳Stamp Pond」、選択した背景に顔写真を合成して作成したオリジナル葉書に、QRコードで音楽を添付できる「絵葉書クリエーター」など、体感・体験コンテンツが充実しており、楽しみながら学べる施設となっている。また、日本最大の所蔵数を誇る世界中の切手約33万種や、江戸時代の手紙など国内外の郵政に関する資料約400点などの歴史的資料を展示する。

たばこと塩の博物館 企業
地図 P8A3 P113 参照

　かつてJT（日本たばこ産業）の専売品であった調味料などに使われる「塩」と、古くから嗜好品（しこうひん）としてたしなまれてきた「たばこ」の歴史と文化を紹介する施設。たばこの常設展示では「たばこ文化の発生と伝播（でんぱ）」や「江戸時代のたばこ文化」などの4つのコーナーに分かれており、ジオラマやポスター、国内外の喫煙具や美術工芸品などの実物資料とともに日本のたばこ産業発展の軌跡を紹介している。塩の常設展示では「日本の塩づくり」や「塩のサイエンス」など3つのコーナー分かれており、石川県能登（のと）半島で塩づくりに使われた釜屋を再現した展示や、塩の性質・用途・製法など科学の面から紹介するコーナー

がある。他にも特別展示室だけでなく、コレクションギャラリーやワークショップルーム、図書閲覧室、多目的スペースが併設されており、学習の場としても活用できる場所となっている。

両国・深川周辺 地図 P8・P11

浅草から隅田川を越えれば両国。大相撲の殿堂、両国国技館は、本場所中は色とりどりの
幟旗が美しくはためく。関東大震災・東京大空襲の様子を伝える復興記念館、「都市史」
を扱う江戸東京博物館、江戸名園のひとつに数えられた旧安田庭園など、江戸・東京の歴
史や文化を今に伝える土地だ。

東京都江戸東京博物館 　歴史・文化　防災　戦争と平和

地図 P8A4 P107 参照　　※ 2026 年 3 月まで休館中（予定）

江戸東京の歴史や文化を伝える博物館として、平成 5 年（1993）に開館、
平成 30 年（2018）にリニューアル。「常設展示室」は 6 階から 5 階へ降り
ていく順路が特徴。「江戸ゾーン」「東京ゾーン」「特別展示室」の 3 つのコー
ナーから構成され、その時代の歴史資料を中心に構成される。実物大の
日本橋を渡ると、約 400 年間の江戸東京の変遷を見ることができる。

「江戸ゾーン」では棟割長屋や絵草紙屋、芝居小屋の中村座などを復元し
た大型模型や当時の様子を忠実に再現した縮尺模型を展示している。ま
た、火消しの象徴である纏や大名の駕籠など実際に手で触れられる体験
模型もある。歌舞伎狂言の「東海道四谷怪談」の仕掛けも面白い。

「東京ゾーン」では、明治 7 年（1874）に創刊の朝野新聞社や、鹿鳴
館、日本初のエレベーターが設置された凌雲閣、下町の庶民住宅など
の模型が数多くあり、都市と文化、そこに暮らす人びとの生活を展示
している。昭和期の暮らしぶりを再現した空間を実際に体験すること
ができるコーナーもある。

提供：東京都江戸東京博物館　江戸ゾーン

7 階・1 階では、博物館の収蔵資料をタッチパネルの簡単操作で探せ、浮
世絵版画をはじめ、さまざまな収蔵資料の画像や情報を鮮明なワイド画面で
見られる。また図書室や映像ライブラリー、映像ホール、レストラン、ミュー
ジアムショップも設置され、たっぷり楽しめるという人気の博物館である。

NTT ドコモ歴史展示スクエア

地図 P8A4 P107 参照　　科学技術

携帯電話の歴史や時代の出来事を展示品を通して紹介する施設。「歴史展
示コーナー」では日本初の携帯電話から最新機種までたくさんの実物を展

示し、移動通信技術の進化してい
く過程を展示品を通して体感で
きる。また、スマートフォンと昔
の携帯電話を比較しながらその
違いについて学ぶことができる
「新旧比較コーナー」や、ドコモ
の歴代のカタログ展示と最新の
テレビコマーシャルを放映する
「広告コーナー」、ドコモの環境や
安全への取組みについて紹介す
る映像など、体感しながら学べる
コンテンツがある。

相撲博物館 　スポーツ
地図 P8A4 P112 参照

初代相撲博物館館長・酒井忠
正が長年にわたって収集した資
料を基礎に、国技としての相撲
資料の散逸を防ぐため、昭和 29
年（1954）、蔵前国技館の完成
と同時に創立開館し、昭和 60 年
（1985）、両国国技館の開館に伴
い移転した。力士の錦絵や番付、
化粧廻しをはじめ、化粧まわし
や作品、写真、行司の装束など
相撲に関する資料を収集、保存
し、年 6 回の展示替により公開。
また、国技としての相撲の歴史
的研究調査も行っている。

刀剣博物館
地図 P8A4 P116 参照

　時代劇や映画ではよく目にする日本刀を専門に扱う博物館。昭和43年（1968）に開館し、墨田区の旧安田庭園内に平成30年（2018）リニューアルオープンしている。国宝の太刀銘「延吉」や銘「国行（来）」などをはじめとする刀剣・刀装・刀装具・甲冑・金工資料など国の指定・認定物件を多数所蔵しており、年5～6回の展覧会を行っている。

　建物1階は、ミュージアムショップ、展示・情報ラウンジ、講堂やカフェなど、気軽に立ち寄り利用できるパブリックなスペースを配置し、庭園散策の休憩所や街歩きの拠点としても使う事ができる。2階は事務室となっており、最上階は日本刀の展示室と屋上庭園を配置している。

　最近ではアニメ「刀剣乱舞」、ゲーム「戦国BASARA」などがきっかけでいわゆる刀剣ブームが起こっており、日本刀が武器としてだけでなく美術工芸品としても認識され、国内外で人気となっている。

江東区芭蕉記念館
地図 P11A1 P117 参照

　昭和56年（1981）、江戸の俳人・松尾芭蕉ゆかりの地に記念館を開館。芭蕉は、深川の草庵「芭蕉庵」を拠点に俳諧活動を展開し、多くの名句や『おくのほそ道』などの紀行文を残した。常設展示では、松尾芭蕉の生涯や生きた時代をパネルなどで、わかりやすく解説している他、2Fには芭蕉遺愛の石蛙と伝わる蛙が展示されている。また庭園には、芭蕉の句に詠まれた草木が植えられており、四季折々の草花を楽しめる。

東京都復興記念館
地図 P8A4 P115 参照

防災　戦争と平和

　大正12年（1923）に発生した関東大震災の被害を後世に伝え、東京を復興させた大事業を記念するために昭和6年（1931）に開館。その後、第二次世界大戦の空襲により焦土化した東京の戦災復興を伝える場所としても用いられている。

　館内では震災発生から復興に至るまでを当時の写真、被災遺物、図表などの実物資料や、震災を描いた絵画、震災からの復興を記念して行われた帝都復興展覧会に展示された復興大模型などを展示している。また、2階回廊部分では焼夷弾などの実物資料で東京空襲や戦災復興に関する資料を展示、回廊後半では震災・戦災に関するさまざまな企画展示を行っている。他にも記念館屋外では建造物の一部や自動車など大型被災物を展示するギャラリーがある。

すみだ北斎美術館
地図 P8A4 P112 参照

　代表作「冨嶽三十六景」で世界的に有名な葛飾北斎がおよそ90年の生涯を過ごした墨田区に平成28年（2016）に開館。常設展示室は7つのエリアで構成され、北斎と「すみだ」についての紹介に始まり、習作、宗理様式、読本挿絵、絵手本、錦絵、肉筆画といった、画号（ペンネームみたいなもの）の時代で分けられた代表作やレプリカも展示されている。他にも、絵手本をタッチパネルモニタで紹介する「北斎絵手本大図鑑」や、錦絵の制作工程を映像も交えて紹介するコーナー、北斎アトリエの再現模型などもあり、北斎について楽しみながら学べる施設となっている。また、年に数回企画展も行われている。

© Forward Stroke

すみだ北斎美術館蔵

清澄庭園
きよすみ

地図 P11A1 P109 参照

　池に3つの中島を配した大泉水、ツツジとサツキで覆われた富士見山、枯山水など明治を代表する回遊式築山山水庭園。この地の一部は江戸の豪商・紀伊國屋文左衛門の屋敷跡といわれる。明治11年（1878）、三菱財閥の創始者・岩崎弥太郎か再建に着手、明治13年（1880）に深川親睦園として開園。弥太郎亡き後も造園工事は進められ、隅田川の水を引いた大泉水を造り、全国から集めた銘石が無数に配置され、明治24年（1891）に竣工した。大正12年（1923）の関東大震災では避難場所として機能し、多数の人命を救った。翌大正13年（1924）、東側半分が当時の東京市に寄付され、昭和7年（1932）に一般公開された。また、昭和52年（1977）には、庭園の西側に隣接する敷地を開放公園として追加開園、昭和54年（1979）には東京都の名勝に指定された。

大正記念館（清澄庭園）

5月の涼亭

富岡八幡宮

地図 P11A1 P116 参照

　寛永4年（1627）創建。毎月1日、15日、28日の月次祭は縁日として賑わいを見せる。また、8月15日の例祭は「深川八幡祭」とも呼ばれ、日枝神社の「山王祭」、神田明神の「神田祭」とともに「江戸三大祭」の一つ。3年に1度の御鳳輦が渡御を行う年は「本祭り」と呼ばれ、大小あわせて120数基の町神輿が担がれる。江戸っ子の元気な掛け声が響き渡り、神輿と担ぎ手に向かって観衆から清めの水が浴びせられ、深川の町が一体となって盛り上がる。境内には、「横綱力士碑」、「大関力士碑」、傍らには「巨人力士手形足形碑」などがあり、相撲名所でもある。平成13年（2001）、江戸時代後期の測量家・伊能忠敬の銅像が境内大鳥居横に建立された。

© TCVB

江東区深川江戸資料館 歴史・文化
地図 P11A1 P117 参照

　地下1階から地上2階までが吹き抜けになった広い空間に江戸時代の深川を再現。火の見櫓や堀割、船宿、大店などを本物の大きさで細かく再現。日の出から夕暮れまでの一日の時の流れを20分ほどに集約し、まるでタイムスリップしたかのように、江戸天保年間の深川庶民の生活を体験できる。

東京都現代美術館

地図 P11A1 P115 参照

　平成7年（1995）に開館、平成31年（2019）リニューアル・オープン。館内では約5,500点の収蔵作品を中心に約100～200点を現代美術の流れを一望できる「MOTコレクション」としてコレクション展示をしている。また、各々の時代を切り拓いてきた革新的な傾向の作品が中心になっているのもこのコレクションの特徴で、1年間を3期から4期の会期に分け、会期ごとに設定されたユニークなテーマに沿って紹介をしている。また、3つのフロアから構成された「企画展示室」では、現代美術を中心に、国内外の幅広い様々なジャンルの展覧会を実施。美術関係書等を自由に閲覧できる美術図書室や子供向けの現代美術に関する図書を置く「こどもとしょしつ」も併設され、現代美術に関する様々な情報を手に入れられる。また、小中高生はコレクション展のスクールプログラムを利用することもでき、学芸員がテーマや生徒の興味などの来館目的に応じた展示解説をしてくれる。（要予約）

Photo: Kenta Hasegawa

<ruby>高輪<rt>たかなわ</rt></ruby>周辺 地図 P9

江戸時代には諸大名の下屋敷、明治に入ってからは華族や要人の邸宅が立ち並んだお屋敷町。現在でも、都心にあって緑が多い住宅街になっている。泉岳寺をはじめ、由緒ある寺社も多い閑静な土地柄。近隣には物流博物館など産業のはじまりや、ユニセフハウスなど国際問題について学べる施設も充実している。2020年にはJR山手線49年ぶりの新駅「高輪ゲートウェイ」が開業。周辺の再開発が進む注目のスポットである。

マクセル アクアパーク品川
地図P9C4 P118 参照

品川プリンスホテル内にある水族館。館内は1階「GROUND FLOOR」と2階「UPPER FLOOR」に分かれていて、室内にも関わらず、ダイナミックなアトラクションやイルカショーのステージも楽しめる。

最先端のテクノロジーを駆使した意欲的な展示が特徴的で、タッチパネルを搭載した水槽では魚群を集めたり情報を見ることができる。また天井から流れる水のカーテンを利用したプロジェクションマッピングとイルカたちのパフォーマンスは必見。

このほかにも光と音楽が織りなす空間に設置されたクラゲの水槽が、時間の経過とともにさまざまに表情を変えるコーナー「ジェリーフィッシュランブル」や、世界で唯一展示されているドワーフソーフィッシュ、東日本ではここでしか見ることのできないナンヨウマンタ、人気のカピバラなど見所も多い。

物流博物館 交通・物流
地図P9C4 P117 参照

平成10年（1998）に開館。物流のあゆみ、江戸時代の馬による輸送や<ruby>飛脚<rt>ひきゃく</rt></ruby>の資料、明治時代以降の物流の歴史を物語る、数々の資料（文書資料約6,000点、美術工芸資料約200点、実物資料約1,000点、写真資料約10数万点、映像資料約200点）を収蔵し、展示。また、貨物の積み替えが行われる空港、港湾、鉄道、トラックなどの物流ターミナルを**ジオラマ**で再現するほか、物流に関する映像、クイズなどを通して、暮らしと産業に深くかかわる物流の仕組みを分かりやすく紹介。<ruby>米俵<rt>こめだわら</rt></ruby>を担いだり、天秤棒など昔の運ぶ道具が体験できる「運びくらべ」のほか、事前に申し込めば、宅配便ドライバーの制服を着たり、昔の運ぶ道具や風呂敷の使い方を学ぶ体験もできる。学校団体で見学の場合は展示解説やビデオ上映を行っている。

<ruby>畠山<rt>はたけやま</rt></ruby>記念館
地図P9C4 P117 参照

昭和39年（1964）に茶の湯の美術館として開館。<ruby>荏原<rt>えばら</rt></ruby>製作所の創始者畠山一清（1881～1971）が<ruby>蒐集<rt>しゅうしゅう</rt></ruby>した茶道具を中心に、書画、陶磁、漆芸、能装束など、日本、中国、朝鮮の古美術品を公開する。収蔵品は、中国南宋時代の「<ruby>林檎花図伝趙昌筆<rt>りんごかずでんちょうしょうひつ</rt></ruby>」（国宝）、桃山時代の「<ruby>志野水指 銘古岸<rt>しのみずさし めいこぎし</rt></ruby>」（重文）など、国宝6件、重要文化財33件を含む約1,300件。年4回季節の移り変わりに合わせて、数十点ずつ公開している。
※**2024年3月まで長期休館中（予定）**

物流ターミナルのジオラマ模型

ユニセフハウス 国際

地図P9C4 P119 参照

©日本ユニセフ協会

ユニセフ（UNICEF 国際連合児童基金）は、すべての子どもの命と権利を守るため、最も支援の届きにくい子どもたちを最優先に、約190の国と地域で活動する国連機関。令和4年（2022）10月にリニューアルオープンした常設展示は3つのゾーンからなり、**ゾーン1「『おなじ』に出会う」**は「うまれる」「たべる」「あそぶ」「まなぶ」などをキーワードに、多様な環境で暮らす世界中の子どもたちの写真や映像を通して、世界の子どもたちの「ちがい」と、その中にある「おなじ」に出会うゾーンとなっている。**ゾーン2「『7人の子どもたち』に出会う」**ではシリア、南スーダン、バングラデシュなどに暮らす7人の子どもたちの映像を通し、紛争、水と衛生、児童労働などさまざまな課題を学ぶ。ネパールの子どもたちが水運びに使用する水がめや子どもの栄養状態を調べる上腕計測メジャーなど、触って学べるコンテンツも充実。**ゾーン3「『ユニセフ』に出会う」**ではユニセフの活動や「子どもの権利条約」、SDGs（持続可能な開発目標）などを学べる内容となっており、ゾーン2の7人の子

どもたちや我々一人一人が生まれながらにしてもっている権利について考える仕掛けを用意している。展示スペースはボランティアガイドの説明を受けられ、より理解を深めることができる「ガイドツアー」を行っている。（要予約）

泉岳寺 <small>せんがくじ</small>

地図P10A4 P112 参照

慶長17年（1612）、徳川家康が門庵宗関（今川義元の孫）を迎えて外桜田の地に創立。寛永18年（1641）の寛永の大火で焼失した後、現在の高輪の地に移転した。境内には鎌倉様式の昭和期再建の本堂、天保年間（1830〜1844）再建の山門・中門、大正2年（1913）に41世普天霊 明 和尚代が作った鐘楼堂、大正10年（1921）除幕の大石内蔵助良雄銅像などが立ち並ぶ。また、赤穂城主浅野長矩と家臣大石良雄ら赤穂義士の墓があることで有名。平成13年（2001）討ち入り300年に因み、**「赤穂義士記念館」**建設、平成17年（2005）旧義士館木像館2階（講堂）を**「義士木像館」**として公開。

浅野長矩が田村右京大夫邸の庭先で切腹の際、血飛沫がかかったという「血染の梅・血染の石」や、義士討入の後、吉良上野介の首を洗ったという「首洗い井戸」、大石主税が切腹した松平隠岐守三田屋敷に植えられていた梅「主税梅」があり、当時の緊迫した状況が思い起こされる。

泉岳寺

赤穂義士記念館 <small>あこう ぎ し きねんかん</small>

地図 P10A4 P112参照（泉岳寺内）

義士に関する資料館。忠臣蔵についてのビデオも上映している。主要展示物は、大石内蔵助良雄木像、大石主税良金木像、大石良雄書「額」、「首請取状」、堀部弥兵衛書「刷毛屋の看板」や堀部安兵衛書「はみがき屋の看板」、浅野長矩公夫人図などの四十七士に関する貴重な遺品が展示される。

忠臣蔵のあらすじ <small>ちゅうしんぐら</small>

元禄14年（1701）浅野内匠頭は任務で、吉良上野介から礼儀作法の指示を受けながら、天皇の使者をもてなした。しかし吉良は指示だけでなく、様々な嫌がらせを浅野にしたという。我慢していた浅野もついに3月14日江戸城で吉良を斬り付けた。当時は喧嘩両成敗が基本だが、将軍綱吉は浅野を切腹にし、赤穂藩を取潰した一方、吉良には全く罰することをしなかった。浅野家筆頭家老の大石内蔵助は主人の無念を晴らすため、赤穂義士47人と元禄15年（1702）12月14日夜に吉良邸へ討入り仇をとった。その後、赤穂義士は切腹し、義士の希望で浅野の墓近くに埋葬されたという。

お台場周辺 地図 P10

首都圏の物流基地である東京港。その港湾を整備し、臨海副都心が誕生した。広大な埋立地には、お台場海浜公園や竹芝ふ頭公園など40を超える海上公園やデックス東京ビーチ、アクアシティお台場、ダイバーシティ東京プラザなどの巨大ショッピングモール、フジテレビ本社ビルや科学館、博物館などが建設され、新たな街を形成している。

レインボーブリッジ (遊歩道)

地図P10B4 P119 参照

平成5年（1993）に開通した、レインボータウンと都心を結ぶ二重構造の吊り橋。上層は首都高速11号台場線、下層は臨港道路（一般道路）と臨海新交通システム（ゆりかもめ）からなる複合交通施設。その附帯施設である展望遊歩道は、芝浦地区とお台場を結ぶ南北2つのルートがあり、海面からの高さ約50m、全長1.7kmのプロムナード。ノースルートでは晴海や高層ビル群を、サウスルートではお台場から東京タワー、晴れた日には富士山まで望むことができ、東京湾やお台場海浜公園の景色を見ながら散歩できる。車道と歩道が隣り合わせで、騒音もひどいので、注意すること。

東京グローバルゲートウェイ 　国際

地図P11D6 P114 参照

近年の訪日外国人の急増や日系企業の海外進出などに対応する人材育成のため、英語の実践の場として東京都教育委員会が開設した体験型英語学習施設。

館内はアトラクション・エリアとアクティブイマージョン・エリアの2つのメインエリアに分かれており、学校利用では生徒8人のグループに対し1人のイングリッシュスピーカーを配置。「アトラクション・エリア」ではホテルや飛行機内など日常生活に役立つ場面を想定した数々のプログラムがあり、ミッションカードを使ってイングリッシュ・スピーカーとやりとりをし、「この商品を買う」などの目的を達成して英語での会話を楽しめる。「アクティブイマージョン・エリア」ではダンスパフォーマンスやお茶体験、プログラミング体験など多彩なプログラムが体験でき、グループワークをしたり課題に対してディスカッションをしたりと、協働性を育みながら主体的にやりとりし、知識を深められる場所となっている。

デックス東京ビーチ

地図P10C4 P114 参照

　平成8年（1996）、シーサイドモール開業よりはじまる。お台場の"エンターテイメントリゾート"を演出し、海沿いの開放感溢れる巨大な建物の中に楽しいショップや施設が多数入っている。最先端のファッション、個性的なインテリアなど豊富な品揃えでショッピングを楽しめる。お台場の海を一望でき、コース料理からスイーツまで様々なレストランが並ぶ。その中には、昭和30～50年代の下町情緒たっぷりの「台場一丁目商店街」、300万個を超えるレゴ® ブロックで飾られた屋内型施設「レゴランド・ディスカバリーセンター東京」、約70体以上の等身大フィギュアを展示する「マダム・タッソー東京」、スリル満点のアトラクションが揃う日本最大級の屋内アミューズメントテーマパーク「東京ジョイポリス」もあり、退屈知らずの刺激的な一日が過ごせそう。

台場一丁目商店街～みんなでお買い物～

地図P10C4 P113 参照（デックス東京ビーチ内）

　平成14年（2002）オープンした昭和30～50年代の下町を再現したフード＆ショッピングエリア。音響や照明、イベントなどで活気に満ちた当時の商店街の雰囲気を演出。昭和の駄菓子、和雑貨、おもしろ雑貨、キャラクターグッズ、東京みやげなどを扱うお店や、自分の顔などの特徴をユニークに表現する「爆笑似顔絵商店」、自分だけのオリジナルTシャツやキャップを作る事ができる「OWN ONE SHOP」、木札やお箸などに名前を彫刻して記念や贈り物を作る「彫市」など、オリジナルグッズを取り扱うお店も多い。ほかにも射的やピンボールなどが楽しめる「台場遊技場」、学校の廃墟を舞台にしたお化け屋敷「台場怪奇学校」、江戸をテーマにした和風なトリックアートが楽しめる「東京トリックアート迷宮館」などアミューズメントも楽しめる。たくさんの昭和が肌で感じられる街だ。

レゴランド・ディスカバリーセンター東京
地図P10C4
P119 参照（デックス東京ビーチ内）

　平成24年（2012）6月に誕生した300万個を超えるレゴ® ブロックで飾られた屋内型施設。レゴ® ブロックで遊びながら、ものを作り出す楽しさを感じるレゴ教室「クリエイティブワークショップ」や「レゴ® レーサー」やアスレチックや幼児向けの「デュプロ® ビレッジ」など創造力を刺激する体験型アトラクションがいっぱい。シューティングゲームや4Dシネマ、東京の街並みを再現したミニランドなど子供だけではなく大人も楽しめるアトラクションもある。

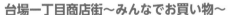

ハイカラ横町

東京ジョイポリス
地図P10C4
P114参照（デックス東京ビーチ内）

　SEGAが運営する屋内大型アミューズメント・パークで平成24年（2012）7月にリニューアルオープンしている。スリルを味わいながら光と音の演出を同時に体験できる世界初の音ゲー（リズムゲーム）コースター「撃音ライブコースター」、2人乗りのボードが振り子の様に動き、回転技を駆使してスコアを競う「ハーフパイプ トーキョー」、先導する複葉機がアクロバット飛行を行いながら、参加者が乗り込むグライダーを牽引していく遊覧飛行ツアー「ワールドウィング」などのアトラクションも満載。リニューアルに伴いデジタル要素を広く取り入れており「プロジェクションマッピング」を使った、よりリアルな映像表現を体験できる場所として楽しめる。

The images shown depict wax figures created and owned by Madame Tussauds.

マリリン・モンロー

うんこミュージアムTOKYO
地図P10C4 P106参照（ダイバーシティ東京プラザ内）

　この世に生まれた瞬間に流され消えていく、そんな儚（はかな）い運命をもつ「うんこ」をテーマとした世界初のアミューズメント施設。

　ミュージアム内に入ると、まずカラフルな便器がずらりと並ぶ「MY UNKO MAKER」のエリアがあり、その便器に腰かけて踏ん張り、生み出した「マイうんこ」を持って一緒に巡る。巨大オブジェからうんこが飛び出す「大広場」にはじまり、キラキラしたうんこが並ぶ「ウンスタジェニックエリア」や、うんこのゲームが楽しめる「ウンタラクティブエリア」、世界に一つだけの自分のうんこを描く「ウンテリジェンスエリア」などがある。令和4年（2022）には人類のうんこレベル向上により肉眼で見えるようになった「うんこ動物」とふれあえる、新エリアがオープン。他にもうんこグッズ販売やクソゲーなどのエリアもあり、子供だけでなく、大人も楽しめる場所となっている。

　近年、うんこをテーマにした学習ドリルなども出版されており、「うんこ」のユーモア・笑いの要素は、子供の学力と学習意欲の向上に一定の効果があり、最近ではさまざまな問題に関心を寄せてもらおうと官公庁や自治体、企業とコラボレーションして「交通安全」や「防災」「SDGs」などについて学ぶ冊子なども多数発行されている。

マダム・タッソー東京
地図P10C4 P118参照（デックス東京ビーチ内）

　レディー・ガガ、マイケル・ジャクソンなど海外の大物アーティストやスポーツ選手、日本の人気タレントや著名人70体以上の等身大フィギュアを展示している屋内型アトラクション。250年以上の歴史があり、ロンドンをはじめ、世界各国でも人気のある場所となっている。

　施設内には9つのゾーンからなり、フィギュアとのオリジナルフレームでの記念撮影や、映画の名シーンの撮影コーナーもあり、ゴージャスな雰囲気を味わえる場所となっている。また、等身大フィギュアの作り方を紹介もしており、4ヶ月の期間を要する事や1体あたりの制作費についてなど驚きの内容になっている。

アクアシティお台場

地図P10C4 P105 参照

　平成12年（2000）開業の日本最大級の本格的ショッピングモール。ずらりと並ぶブティック街はなんと300mも続く。東京湾の景色が一望できるレストランもあるグルメゾーンも日本最大級の広さを誇り、本格的な和食・洋食・中華から手軽なスイーツまで何でも選び放題。また、ご当地の麺祭りを行う「東京ラーメン国技館 舞」は昼食に便利である。「ユナイテッド・シネマ」に直通し、子どもから大人までたっぷり一日中楽しめる。お台場海浜公園に隣接し、「自由の女神」やレインボーブリッジなど恵まれたロケーションも人気の理由。ぜひ訪れておきたい場所である。

フジテレビ本社ビル
（フジテレビギャラリー、球体展望室） マスコミ

地図P10C4 P117 参照

　平成9年（1997）オープンのフジテレビ本社にある、お台場のシンボルといえる25階・高さ約100mの球体展望室「はちたま」は270度のパノラマで、東京タワーやレインボーブリッジ、晴れた日には富士山までが見渡せる、昼も夜も素晴らしい眺めだ。24階では実際に使われていたスタジオを公開。5階「フジテレビギャラリー」では、ドラマや映画、アニメなどの展示を行っている。※企画詳細は公式HPにて随時案内。7階「フジテレビショップ フジさん」は様々なフジテレビグッズが集まるショップ。店内キャンペーンエリアでは様々なイベントを実施している。1階「フジテレビモール」にはアニメ・キャラクターのショップや休憩可能なスペースがある。

見学案内

のぞいてみよう！フジテレビ（学生対象）　※編集時点で休止中。要確認
美術倉庫や番組セットなどテレビ局員が実際に働く現場をツアーガイドが案内してくれる。番組制作や放送のしくみについて学ぶことができる。
【時間】平日のみの実施で13時30分〜と15時〜の2回。所要時間は75分。
【対象年齢・人数】対象は小学5年生〜大学生まで。引率教員を含む15人まで。
【申込み方法・連絡先】
見学希望日の3か月前〜2週間前までに学校単位で電話で申込み。
03-5500-9261
申込は教員の方のみ。無料　完全予約制
※ツアー参加には教員の引率が必要
※学校の事業の一環であり、学習を目的とした見学に限る。
※「番組観覧」「職場体験」「社員インタビュー」ができる見学ではありません。

Panasonic GREEN IMPACT PARK

AkeruE

パナソニックセンター東京　[科学技術] [環境・エネルギー]

地図P11A4 P117 参照

パナソニックのグローバルな総合情報受発信拠点として平成14年（2002）にオープン。1階では地球温暖化問題の現状と課題解決策を学び、アクションを起こすきっかけづくりの場を提供する体験型展示「**Panasonic GREEN IMPACT PARK**」がある。「CO_2ってどんなときに出るの?」や「今までどおりのくらしだとCO_2って減らないの?」など身近な疑問を表題とした4つのブースにわかれており、それぞれのブースにクイズやゲーム、簡単な実験装置などの仕掛けを設け、体験しながら自分たちにできることを考えられる仕組みとなっている。

2〜3階「**AkeruE（アケルエ）**」は「学び」と「モノ・コトづくり」の双方を体験できる施設。3階は、「**ASTRO（アストロ）・PHOTON（フォトン）**」・COSMOS（コスモス）」の3つのエリアに分かれ、7つのアート作品とその要素を分解し原理を学ぶことのできるエリア、iPadを使用して簡単な映像を制作できるエリア、テーマに合わせたモノづくりができるエリアがある。自分の考え、答えを探り表現するのに必要な思考力や創造力を培うサポートをしてくれる施設となっている。申し込めば、学校団体対象の見学体験コースが予約できるので、ぜひ活用してみよう。

東京都虹の下水道館　[環境・エネルギー]

地図P10C4 P116 参照

普段見ることがない下水道の仕事を体験し、下水道に携わる人の思いや工夫を学べる施設となっている。エントランスから進むと家の中の水の流れが見えるシースルーハウス「**アースくんの家**」にはじまり、外からマンホールの内部をのぞける「**下水道管**」や、ポンプ所、中央監視室、水質検査室など下水道の仕事の様子を見学できる「水再生センター」などのコーナーがある。

学校団体見学向けにアテンダントが下水道の街レインボータウンを案内するツアー「レインボータウン・ガイドツアー」のほか、A,水質検査を行う科学実験B,下水道の歴史について学べるC,下水道の仕事が体験できるD,管やマンホールについて学べる　といった4コースで水の大切さや下水道に関するさまざまなことを学べる「ワークショップ」、小中高生それぞれの難易度に合わせたワークシートを活用して館内を巡る「自由見学」といったプログラムがあり、メニューを組み合わせることで、下水道に関してさらに理解を進められるようになっている。（要事前予約）。

TOKYO ミナトリエ　交通・物流
地図P11C4　P116参照

　地上100mから東京臨海部を望む眺望を活かし、東京港や臨海副都心の歴史、現在の姿、未来を紹介する展示室。室内には港と江戸・東京、400年の歩みをグラフィック写真の年表で振り返る「ヒストリーギャラリー」や、江戸の河岸の様子を再現したジオラマ、模型などで江戸時代の海運、港が生んだ文化を紹介する「江戸デッキ」、東京の戦後復興と成長を支え、今も発展を続ける東京港が目の前に広がる「ポートデッキ」、タブレットを使用したAR映像や360度映像でガントリークレーンの操縦席や、高さ126mのレインボーブリッジの主塔の上などを体験する「みなとづくりバーチャル探検」などがあり、楽しみながら学べる施設となっている。

みなとづくりバーチャル探検

カワサキロボステージ
地図P10C4　P108参照

　川崎重工業によるロボットのショールーム。自動車車体の溶接などに活躍するBX165Nのバーチャルアトラクションや、ピペットなどで検体や試料となる液体を一定容量吐出する高度な衛生管理が必要な環境でも活躍する医薬・医療ロボットなど、普段見ることができない工場などで働く、人の手や腕の代わりになる産業用ロボットが展示されており、川崎重工業がもつ最先端の技術やノウハウを体感できる。さらにパソコンで作成したプログラムで本物の産業用ロボットを動かしプログラミングを学べるイベントなども不定期に開かれている。

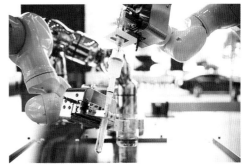

SDGs ポスター作成

スモールワールズ TOKYO

地図P10C3 P112 参照

　令和2年（2020）6月にオープンした、アジアNO.1のミニチュアテーマパーク。館内には「宇宙センター」や「世界の街」、「美少女戦士セーラームーン」、「エヴァンゲリオン第3新東京市」など6つのエリアに分かれてミニチュアが展示されており、最先端テクノロジーによって作られた1/80の小さな世界を様々な角度から視点を変えて観ていくとおもしろい。また、プログラミングによるロケットの打ち上げや飛行機の離発着などのアトラクションも見学できる。最新鋭の3Dスキャナーで自分そっくりのミニチュアフィギュアを作ることもでき、持ち帰る事も、スモールワールズ内の各6エリアの好きな場所に設置し、1年間住まわせることができる。

　団体利用での学習プログラムテーマはSDGs探究、キャリア探究、モノづくり体験など。施設の設計段階から探究学習を前提としており、俯瞰して世界を見学し、視点を広げる学習の場としても利用できる。

そなエリア東京（防災体験学習施設）　　防災

地図P11A4 P113 参照

　東京臨海広域防災公園は、首都直下地震等の大規模な地震発生時に、現地における被災情報のとりまとめや、災害応急対策の調整を行う「災害現地対策本部」等が置かれる防災拠点施設である。その一角にあるのが「そなエリア東京」である。

　1階「防災体験ゾーン」では地震発生から組織的な救助活動行われる72時間後までの生き残る方法を、発災から避難までの一連の流れで体験できる他、映像が壁面グラフィックで津波についての正しい知識を身につける「津波避難体験コーナー」などがある。2階「防災学習ゾーン」では首都直下地震特設コーナーなどの展示や映像、各種防災ゲームが体験できる。ここでは体験と学習を通じて、「災害をイメージする力」と「対応力」を身に付け、災害への備えができる場所になっている。

こちら、国際宇宙ステーション

ともに進める医療

オトナロイド

未来逆算思考

日本科学未来館「Miraikan」

地図P11C4 P116 参照 　科学技術

　平成13年（2001）に宇宙飛行士・毛利 衛を館長としてオープンした最先端の科学館。常設展示3階は「**未来をつくる**」をテーマに、ASIMOなどヒューマノイドロボットや遠隔操作で人と対話できる人間酷似型ロボット「オトナロイド」を展示した「アンドロイド」、世界中に普及したインターネットの情報が伝わるしくみを白と黒のボールの動きで視覚化した「インターネット物理モデル」、50年後の未来のありかたを考える「未来逆算思考」などがある。また同階には対話と実験を通して先端科学技術を伝える場「実験工房」が設けられている。（要予約）

　常設展示5階では「**世界をさぐる**」をテーマとし、宇宙飛行士たちの実験や暮らしを紹介しながら人類が宇宙を目指す意味を考える「こちら、国際宇宙ステーション」、ロボット技術を駆使した治療法などを紹介する「ともに進める医療」、災害を理解しどう向き合うかを考える「100億人でサバイバル」などがある。6階には半球状の映像シアター「ドームシアターガイア」があり、日本初の全天周・超高精細3D映像を使用した立体視プラネタリウム作品などを放映している。（要予約）

　こういった展示や実験教室、トークイベントを通して、現在進行形の科学技術を楽しめる場所となっている。また、学校団体向けプログラムも充実しており、学校で習う事柄が先端科学技術を生みだし、私たちの暮らしに役立っていることを学ぶことができる。（要予約）

東京ビッグサイト
（東京国際展示場）
地図P11A4 P115 参照

　平成8年（1996）の開業。広大な敷地に国際的なイベントやビジネスに対応可能な展示ホールと会議施設をもつ、日本有数の総合コンベンション施設。施設総面積23万㎡。繋げられる6つの展示ホールをもつ「東展示棟」、2層構造で小規模の展示会（4ホール）に最適な「西展示棟」、1,000人まで収容できる国際会議場の他に大小20を超える会議室、レセプションホール（せり上がり式のステージや音響・照明設備・同時通訳など）を備え、地上58mの高さに浮かぶ、三層構造の「会議棟」に分かれている。外貨両替や授乳室など各種サービス施設・レストランも充実。外観は逆ピラミッド型の個性的な建物となっている。

東京ファッションタウン（TFT）ビル（ワンザ有明ベイモール）
地図P11A4 P115 参照

　平成8年（1996）、臨海副都心の有明に、世界をリードするファッションビジネスの複合集積拠点として誕生した。各種ビジネスや文化イベントに対応する大型の多目的ホールや貸会議室などが設置されている。1、2階の「ワンザ有明ベイモール」では、レストランやショップなど合わせて約30店舗が立ち並ぶ。郵便局、銀行、クリニックなどもここに完備する。また、東館2階のアトリウムコート中央には「シャワーツリー35」があって、高さ35mのガラス張りの天井から、約2tの水が7分間シャワーとなって降り注ぐ、水と光と音楽の壮大なスペクタクルショーが訪れた人を楽しませてくれる。月～金は、12時～・13時～・17時～・19時～と土・日は、12時～19時の毎正時。幻想的な雰囲気を醸し出す。

がすてなーに　ガスの科学館　環境・エネルギー
地図P11A3 P108 参照

　平成18年（2006）6月に開館した東京ガスの企業館。「エネルギーを考え、これからの暮らし・社会を学び、未来をソウゾウしよう。」をテーマにデジタル技術を活用し、共生社会の実現やSDGs、地球温暖化、超高齢社会などの社会課題について、4つに分けたゾーンごと（「エネルギー」「暮らし・社会」「環境・食」「防災」）に体験型展示物を通して、楽しみながら学ぶことができる施設。またガスの特長など、エネルギーや地球環境問題について理解を深めていけるプログラムも用意している。

　社会科見学・校外学習・職場体験・修学旅行などの学校団体は要予約。事前・当日・事後学習に利用できるワークシートもホームページに掲載しているので、見学のテーマに合わせて活用できる。

アクア・パーク

東京都水の科学館　環境・エネルギー
地図P10C4 P115 参照

　命の源「水」を知ってもらう東京都水道局のPR館。人間の生活に密接に関わる水と自然について学ぶ。3階には前後・左右・天井に映し出される大迫力映像で水の循環を体感できる「**アクア・ト**

アクアラボ

リップ」（15分に1回上映）、映像やクイズによって森の自然の大切さを紹介する「**アクア・フォレスト**」がある。2階には大型の真空実験装置を使った水の真空実験が人気の「**アクア・ラボラトリー**」、私たちが普段使っている水を5つのカテゴリーからクイズで楽しみながら学べる「**アクア・タウン**」などがある。また、地下にある本物の給水所をアテンダントと一緒に探検する「**アクア・ツアー**」も行われており、水の供給について、より理解が深められる。

　ここでは水を「科学の視点」から見る事で、普段は感じられない水や水道に対する興味がいっそう沸いてくるんじゃないでしょうか?

東京税関　情報ひろば　交通・物流
地図P11C4 P115 参照

　平成12年（2000）、現在地にオープン。迫力のジオラマで税関の仕事を立体的に解説したり、国際貿易における税関の役割をパネルにより紹介するなど、「税関って何してるの?」という疑問に分かりやすく答える展示施設。そのほかにも、麻薬やけん銃の密輸手口、麻薬探知犬や税関の歴史等の紹介、ホンモノそっくりに作られたニセモノ（コピー商品）の展示、ワシントン条約で輸出入が規制されている象牙・はく製の展示など多数の展示物がある。さらに、X線検査装置の模型を使った税関検査の疑似体験、クイズやショッピングゲームを使って免税範囲や税金について学ぶことができるコーナーもある。

　税関の公式キャラクターのカスタム君と記念撮影もできる。

ラジオ局

キッザニア東京
地図P11A2 P108 参照

　平成18年（2006）にオープンの子ども達の体験型商業施設。子ども達が好きな仕事にチャレンジして、楽しみながら社会の仕組みが学べる「こどもが主役の街」。消防士、キャビンアテンダント、モデル、医師、パイロット、アナウンサー、消防士、幼稚園の先生など約100種類の実物そっくりの仕事体験。道具からユニフォームまで臨場感たっぷり。働いたら、給料のキッゾ（キッザニア独自の通貨）をもらって買い物。キッザニア内の銀行で口座を開くとキャッシュカードまでもらえる。スーパーバイザーと呼ばれるスタッフ達が、興味津々、好奇心溢（あふ）れるこども達のサポートをする。学校団体向けに「キャリア教育実践プログラム」も用意されている。

i-muse 　科学技術
地図P11A2 P105 参照

　IHIの前身となる石川島造船所は、嘉永（か えい）6年（1853）創業。それから150年以上に渡りエンジニアリングの最先端に立ち、造船、陸上機械・プラントから航空・宇宙までさまざまな分野に事業を広げてきた。

i-museはIHIの歴史と技術をたどるミュージアムで、平成30年（2018）にリニューアルオープン。石川島造船所から東京駅の建設、世界最大のタンカーへの挑戦、ジェットエンジンやロケットシステムの製作など、各時代を象徴するエピソードとその時代に生まれた代表的製品を知ることが出来る。様々な模型と高さ2mのデジタルモニター「モノリス」に触れながら最先端が創出される瞬間を体感できる。

団体見学案内

【開館日】月～金曜　①10時～
②13時半～　③15時～
（休館日：土・日・祝・年末年始）
【料金】無料（簡単な入庁手続きが必要）
【所要時間】60分
【人数】5～20名
【備考】事前予約により、職員による見学案内も可能。税関広報ビデオを視聴後、税関検査場や情報ひろばを職員が案内。申込方法は、東京税関HP参照。
※情報ひろばの自由見学（職員の案内なし）については、事前予約不要
【問い合わせ】03-3599-6264（東京税関総務部税関広報広聴室）

葛西臨海公園・東京ディズニーリゾート周辺

地図P11

都心から少し離れますが、それぞれ特徴的なスポットになる。特に東京ディズニーリゾートは言わずと知れたアミューズメントのメッカ。所在地は千葉県ですが、東京を訪れた際には外すことのできない場所である。

第五福竜丸展示館　　戦争と平和

地図P11B3　P113 参照

昭和51年（1976）の開館。昭和29年（1954）3月1日に太平洋のマーシャル諸島にあるビキニ環礁で行われたアメリカの水爆実験よって被害を受けた木造マグロ漁船「第五福竜丸」の関係資料を展示する。第五福竜丸は被爆後に練習船に改造されて東京水産大学（現・東京海洋大学）で使われ、昭和42年（1967）に廃船になった。館内の中央にはその第五福竜丸が陸上で固定されており、船体を周りには「死の灰」実物や乗組員が使っていた日用品、入院中の乗組員に宛てられた手紙などの資料や解説パネルが展示してある。また、被ばく当時の第五福竜丸を再現した模型や、水爆実験の被害、乗組員の病状、まぐろ騒動、放射能雨、原水爆反対の運動、太平洋の核汚染状況、日米政府による事件の決着、マーシャル諸島の核被害、世界の核実験被害、核実験・核開発年表などの展示もある。展示館前広場には乗員であった久保山愛吉記念碑、第五福竜丸のエンジン、マグロ塚石碑がある。

ボランティアスタッフ、学芸員によるガイド（簡単な説明、展示紹介、質疑応答など）を受けることができる。

> 見学案内
> 【時間】応相談　所要時間は50〜60分
> 【対象人数】1名〜
> 【申込み方法】事前予約制。日時・人数・団体名・学年などをTEL又はFAXにて連絡
> TEL：03-3521-8494　FAX：03-3521-2900

東京都夢の島熱帯植物館　　環境・エネルギー

地図P11C3　P115 参照

運河と水路に囲まれた43haの夢の島公園内にある植物館。この夢の島熱帯植物館は、『熱帯植物とわたしたちの生活との関わり』を広く紹介するための施設として、昭和63年（1988）に開館。マングローブ植物が茂り、木生シダの大きな葉がひらく熱帯の水辺を模した大温室「Aドーム」。巨大なヤシが林立する中に暮らす、熱帯の人里の景観を醸し出す「Bドーム」。東京都の亜熱帯、小笠原諸島の植物が集められた「Cドーム」と、さまざまな熱帯植物と、植物が生みだすエキゾチックな風景を楽しみながら、ゆったりと過ごすことができる場所である。温室の暖房や館内の冷暖房、給湯などに必要な莫大なエネルギーは、隣接する新江東清掃工場の余熱を利用。冷房の場合は吸収式冷凍器で高温水のエネルギーを取り出し、冷風をつくって館内に送っているという。また、イベントホール、映像ホールなどの設備も充実しており、植物と人間生活との関わりについて遊びながら楽しく学べる。

東京都葛西臨海水族園
かさい

地図 P4B4 P115 参照

　世界で初めて、マグロ類が群れで泳ぐ姿を見られる水族館として平成元年（1989）にオープン。東京湾に浮かぶように現れる大きなガラスドームがエントランス。2,200tのドーナツ型水槽で、北極から南極までの世界中の海の代表的な生物、波が打寄せる渚の小さな生物、日本最大級のプールでのびのびと泳ぎ回るペンギン、不思議な海藻、珍しい海鳥、サンゴ礁、東京湾までの多様な生態的展示など、まだ知らない海の世界が広がっている。600種を超える世界中の海の生き物たちを見ることができ、オリジナルビデオの制作やガイドツアー、スポットガイドの実施など教育活動も充実している。館内の売店では、オリジナルグッズを多数販売している。水族園で楽しく生き物を観察するためのワークシート「魚ッチングシート」を公式サイトからダウンロードすることができる。シートは約20種類あり、年齢や興味の対象などによって選ぶことができる。「はじめて魚ッチングシート」は幼児づれの家族やグループ、「初級シリーズ」は小学校低学年、「中級シリーズ」は小学校高学年、「上級シリーズ」は中学生以上を対象に作成しているが、中級以上は大人でも楽しめる内容だ。親子で、またグループで、一緒にチャレンジしてみるのも良い。生き物を「見るコツ」が分かり、観察の面白さが発見できる。

見学案内

中高生の団体向け教育プログラム「大好きなマグロを食べ続けるために」「水族園で魚類観察」「ずっとカエルとくらしたい」「水中を飛ぶ鳥たち」などメニューがある。電話・面談で問い合わせ
【時間・休日】所要時間30分〜40分（メニューによる）
【対象年人数】小中高生、1回20名〜80名（メニューによる）
【申込み方法・連絡先】2週間前から教員の方のみ電話受付、03-3869-5152（動物解説員）

ダイヤと花の大観覧車
地図 P4B4 P113 参照

葛西臨海水族館に隣接する、平成13年（2001）オープンの日本最大級の巨大観覧車。良い天気の日は、地上117m（6人乗り×68台）の上空から見渡すと、東京ディズニーリゾート、レインボーブリッジ、アクアラインの海ほたる、都庁をはじめとする高層ビル群や、東京タワー、東京スカイツリー、東京ゲートブリッジ、房総半島から富士山に至るまでを一望でき、約17分の空中散歩が楽しめる。夜は3種類の照明が、ネオンによるダイヤモンドと花の演出で鮮やかにライトアップされる。相席を廃止しているので、カップルやファミリーで楽しめる。

東京ディズニーリゾート®

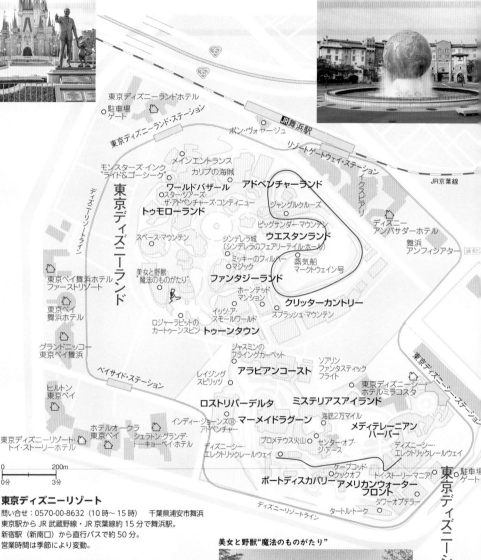

東京ディズニーランドホテル
駐車場ゲート
東京ディズニーランド・ステーション
JR舞浜駅
ボン・ヴォヤージュ
リゾートゲートウェイ・ステーション
イクスピアリ
JR京葉線

メインエントランス
モンスターズ・インク"ライド&ゴーシーク"
カリブの海賊
ワールドバザール
アドベンチャーランド
ジャングルクルーズ
スター・ツアーズ：ザ・アドベンチャーズ・コンティニュー
トゥモローランド
ビッグサンダー・マウンテン
ディズニーアンバサダーホテル
スペース・マウンテン
シンデレラ城（シンデレラのフェアリーテイル・ホール）
舞浜アンフィシアター
ミッキーのフィルハーマジック
蒸気船マークトウェイン号
東京ディズニーランド
ディズニーリゾートライン
美女と野獣"魔法のものがたり"
ファンタジーランド
ホーンテッドマンション
クリッターカントリー
東京ベイ舞浜ホテルファーストリゾート
イッツ・ア・スモールワールド
スプラッシュ・マウンテン
東京ベイ舞浜ホテル
ロジャーラビットのカートゥーンスピン
トゥーンタウン
グランドニッコー東京ベイ舞浜
ジャスミンのフライングカーペット
ベイサイド・ステーション
レイジングスピリッツ
アラビアンコースト
ソアリンファンタスティックフライト
ヒルトン東京ベイ
東京ディズニーシーホテルミラコスタ
ロストリバーデルタ
ミステリアスアイランド
東京ディズニーシー・ステーション
ホテルオークラ東京ベイ
インディ・ジョーンズ®アドベンチャー
マーメイドラグーン
海底2万マイル
メディテレーニアンハーバー
東京ディズニーリゾート・トイ・ストーリーホテル
シェラトン・グランデ・トーキョーベイ・ホテル
ディズニーシー・エレクトリックレールウェイ
プロメテウス火山
センター・オブ・ジ・アース
ディズニーシー・エレクトリックレールウェイ
駐車場ゲート
東京ディズニーシー
ケープコッド・クックオフ
トイ・ストーリー・マニア！
ポートディスカバリー
アメリカンウォーターフロント
タワーオブテラー
タートル・トーク
ディズニーリゾートライン

0 ― 200m
0分 ― 3分

東京ディズニーリゾート
問い合せ：0570-00-8632（10時～15時）　千葉県浦安市舞浜
東京駅から JR 武蔵野線・JR 京葉線約 15 分で舞浜駅。
新宿駅（新南口）から直行バスで約 50 分。
営業時間は季節により変動。

東京ディズニーランド ®
冒険や童話、未来などを題材とした 7 つのテーマランドから構成されている。あらゆる世代の人々が楽しめるテーマパーク。

東京ディズニーシー ®
海にまつわる物語や伝説を題材にした、冒険とロマンス、発見と楽しさにあふれる新しいディズニーの世界。

東京ディズニーリゾートの今後の開発について
8 つ目のテーマポート新設（東京ディズニーシー）などが予定されています。本誌の情報は 2022 年 8 月現在となります。

美女と野獣"魔法のものがたり"

A　　　　B　　　　C　　　　D

ユニプラン編集者のおすすめアトラクション

ビッグサンダー・マウンテン

屋外を走るジェットコースタータイプのアトラクション。廃坑となった鉱山で、ごつごつとした岩肌をそばに見ながら猛スピードで鉱山列車が駆け抜ける。

スペース・マウンテン

暗闇を走るジェットコースタータイプのアトラクション。宇宙飛行士として小型ロケットに搭乗し宇宙飛行に出発、宇宙空間を急上昇・急降下・急旋回しながら駆け抜ける。

ホーンデッドマンション

999 人の幽霊が住み着く洋館の中を探検するアトラクション。さまざまな幽霊たちがあなたを1000 人目に迎え入れようと登場、お化け屋敷の雰囲気を堪能できる仕掛けが沢山ある。

スプラッシュ・マウンテン

ブレア・ラビットというウサギのキャラクターと旅するコースタータイプのアトラクション。丸太型のコースターに乗り、道中のさまざまな仕掛けや滝つぼへの急降下を楽しめる。

美女と野獣"魔法のものがたり"

2021 年 9 月にオープンした新エリアのアトラクション。カップ型のライドに乗り込み、映画の様々なシーンが再現された世界を巡る。精巧に仕上げられたセットと音楽が楽しめる。

シンデレラのフェアリーテイル・ホール

シンデレラの物語を見ながら進むウォークスルー型の体験施設。美しい装飾が施された室内には玉座やガラスの靴なども展示されており、記念撮影もできる。

©Disney/Pixar

タワー・オブ・テラー

フリーフォールタイプのアトラクション。謎の失踪事件が原因で 1899 年に閉鎖されたホテルを舞台に開催された見学ツアーに参加したあなた。それが恐怖の始まりであった・・・

インディ・ジョーンズ®・アドベンチャー：クリスタルスカルの魔宮

遺跡の中をオフロードカーに乗って、疾走感を体験するアトラクション。神殿を探検するツアーに参加したあなたに次々と呪いや罠、超常現象が襲いかかる。

レイジングスピリッツ

ローラーコースターで古代遺跡の発掘現場を猛スピードで駆けめぐるアトラクション。カーブが多く、急上昇、急降下を繰り返した終盤はリゾート初の 360 度回転が待っている。

センター・オブ・ジ・アース

「地底世界」を巡る絶叫アトラクション。序盤はゆったり地底探検をしながら進むライド、そこへ突然火山性の震動が発生！猛スピードで走り出すライドで脱出をはかる。

トイ・ストーリー・マニア！

おもちゃの世界に入り込み、3D メガネをかけてシューティングゲームを楽しむアトラクション。周りの本やトランプなどの小物がとても巨大に見え面白い。

海底 2 万マイル

小型潜水艇に乗って海底に沈んだとされるアトランティス大陸を探索するアトラクション。装備されたサーチライトで照らされた海底のミステリアスで神秘的な景色が楽しめる。

©Disney

91

その他の23区内観光スポット

地図 P4 ～ P5

記念館

記念館1階展示室

長谷川町子美術館・記念館　（世田谷区）

地図 P4B1　P117 参照

「サザエさん」の漫画作家として知られる長谷川町子（1920～1992）が、姉の毬子と共に蒐集してきた美術品を展示するため、昭和60年（1985）に開館。収蔵品は日本画・洋画・ガラス・陶芸・彫塑など多岐に渡り、年4～5回のコレクション展で紹介している。また、令和2年（2020）には美術館分館「長谷川町子記念館」がオープン。常設展示では代表作「サザエさん」をはじめとして、「いじわるばあさん」や「エプロンおばさん」の世界観をデジタルとアナログの双方向から楽しめる展示や、貴重な幼年期の写真や原画、手がけた陶芸や水彩などのさまざまな資料や作品があり、長谷川町子の世界を存分に楽しめる空間となっている。他にも町子の世界観を体現したグッズを販売するショップや、好んだパパイアやほうじ茶を使ったメニューを提供するカフェもある。

地下鉄博物館　（江戸川区）

地図 P4C4　P113 参照　交通・物流

地下鉄は文久3年（1863）にイギリスで誕生し、日本では昭和2年（1927）に東京の上野～浅草間で2.2kmに開通した。昭和61年（1986）オープンの博物館では、「地下鉄の歴史」「地下鉄をつくる」「地下鉄をまもる」「地下鉄車両のしくみ」「日本と世界の地下鉄」などのテーマ別に展示している。日本で初めて走った黄色い車体の銀座線1001号車（重要文化財）や、有名な真っ赤な車体の丸ノ内線301号車の実物、実際に地下鉄模型電車が走るメトロパノラマ、千代田線・有楽町線・銀座線、東西線の運転シミュレーターなど、参加型展示も含め様々な展示方法で、地下鉄についてのあらゆる情報を教えてくれる。

杉並アニメーションミュージアム　（杉並区）

地図 P5D1　P112 参照

平成17年（2005）杉並会館にオープンした、日本のアニメーション全体を体系づけて学び、体験し、理解することができる施設。日本のアニメの歴史を画像、映像や年表で分かりやすく紹介する「日本のアニメの歴史」、監督、作画監督、美術監督の仕事ぶりとセルアニメーションが出来るまでの過程を、絵コンテやセル画、アフレコ体験などで紹介する「アニメが出来るまで」などのコーナーがあり、アニメ全般を総合的に紹介する。また、ゾートロープなど映画の発明の元になった装置で、アニメーションが動いて見える仕組みを理解できる「アニメの原理」、仕上げ（色塗り）や編集など、初級デジタルアニメ制作が体験できる**「デジタルワークショップ」**など参加型展示もある。キャラクター、クリエイターに焦点をあてた年3～4回の「企画展」も開かれている。

旧田中家住宅

常設展示室

葛飾柴又寅さん記念館　（葛飾区）

地図P5E4 P108 参照

　平成9年（1997）の開館で、平成18年（2006）、開館以来5度目の展示リニューアルが行われた。映画「男はつらいよ」の世界を、セットをはじめ、実物資料や模型や映像で紹介している。撮影に使用した団子屋「くるまや」（39作目までは「とらや」）のセットを大船撮影所から移設。寅さんの少年時代を6つのジオラマで紹介した「**柴又帝釈天参道**」や、タコ社長が経営する「朝日印刷所」のセットが見られ、臨場感ある展示を楽しめる。建物中央の吹き抜け「光庭」にはシリーズ全作品のロケ地が一目で分かる「こころのふるさとマップ」等が設置され、屋上の「柴又公園」からは、映画でおなじみの帝釈天や江戸川が一望できる。さまざまな寅さんグッズを販売されており、寅さんの思い出と共に楽しめる。

柴又帝釈天（題経寺）　（葛飾区）

地図P5E4 P111 参照

　松竹映画「男はつらいよ」シリーズで知られる、寛永6年（1629）創立の日蓮宗の寺院。実質開基は題経院日栄上人。本尊は日蓮大聖人自刻の帝釈天の板彫仏。明治29年（1896）に完成した二天門は、帝釈天の建造物の中でも特に優れていると言われる。祖師堂（本堂）は、昭和54年（1979）に大改修工事が行われ、内・外観とも一新。また、文化・文政時代の建築様式を使った釈迦堂（開山堂）は、帝釈天最古の建物。中央に釈迦牟尼仏（白鳳期）を安置する。昭和30年（1955）に完成した大鐘楼堂は、高さ約15m、関東一の鐘楼といわれ、延べ1万2千人の職人が工事に当たったという。梵鐘は雅楽「黄鐘調」といわれ、昭和の銘鐘の名が高い。また、「彫刻の寺」としても有名で、特に帝釈堂内陣の外側にある、昭和4年（1929）完成の10枚の胴羽目彫刻は、「法華経」の説話を題材にして彫刻されたもので、「塔供養の図」「三車火宅の図」「一雨等潤の図」など、文化的価値の極めて高いものである。毎年庚申日には本尊を常開帳している。

板橋区立郷土資料館　（板橋区）

地図P5E1 P106 参照　歴史・文化

　板橋区の歴史や文化・自然に関するさまざまな資料を展示する施設。常設展示室では板橋の地形や地名の由来を紹介し、土地の成り立ちや時代ごとの6つのテーマにわけて展示している。また、館が収蔵する板橋宿に関する資料や西洋流砲術資料などのコレクションを使用した企画展・特別展を開催している。令和2年（2020）のリニューアルでは、検索システム「いたばしナビ」を導入し、特徴的な地形や史跡・文化財、ゆかりのある歴史人物、絵図や古地図、写真などの情報を地図上に表示し、社会科見学の調べ学習やまち歩きに利用することが可能。館内にはほかにも江戸時代後期から明治時代初頭の建築とされる旧田中家住宅があり、マユダマ飾り・ひな祭りなど年中行事を公開し、当時の生活について理解を深めることができる。

中央防波堤埋立処分場 環境・エネルギー

地図 P5B3 P113 参照

　東京23区のごみ量は、大量生産・大量消費の社会システムやライフスタイルの変化等によって、昭和60年（1985）頃から急増し、平成元年度には490万トンの過去最高に達した。その後ごみの量は減少し、令和3年度には253万トンになった。家庭内のごみは収集・運搬されたのちに中間処理をされ、埋立、覆土作業が行われている。ここでは粗大ごみ破砕処理施設・不燃ごみ処理センター・埋立処分場などを見学する事ができ、ごみ処理の流れ、ごみの資源化や環境保全の取組などについて学ぶ事ができる。

環境局提供

見学案内

【休日・時間】土日祝（但し1月、2月、3月、5月、7月、8月の土曜日は見学が可能）、9時〜16時半。所要時間90分
【申込み方法】電話にて希望の見学日を予約。電話：03-3570-2230
　　　　　　　電話予約後、書面にて申し込みをする。FAX：03-3570-2231

板橋区立熱帯環境植物館
（グリーンドームねったいかん）
（板橋区） 環境・エネルギー
地図 P5E1 P106 参照

　世界3大雨林の中の東南アジアを中心とした熱帯植物、魚類を展示し、一連の熱帯環境を再現。施設全体で約3,000 ㎡、その内、植栽面積は1,000 ㎡で、地下1階から地上2階までの吹き抜けとなる大空間をもつ。また、施設の運転に必要な熱エネルギーは併設された温水プールや高島平ふれあい館とともに、隣接している板橋清掃工場の余熱を利用した省エネルギー型の施設として平成6年（1994）に開館。その大空間の温室に、熱帯環境のミニ生態系を再現。約700種2,000本の植物を展示する温室をもつ。潮間帯植生・集落景観・熱帯低地林・雲霧林（冷室）の4つの環境が見られる。地下にはミニ水族館があり、海水・汽水・淡水の順に約150種2,500匹を展示。また、熱帯や地球環境についての企画展示、写真展などのイベントも開催される。

東京大空襲・戦災資料センター

戦争と平和 （江東区）

地図 P11B1 P115 参照

　東京大空襲を中心とする空襲で民間人が受けた被害について、学ぶことができる。平成29（2017）年にリニューアルを行い、新たに別館を設置した。別館1階には100人規模の映像・講話室があり、壁面には被災地図・体験画・空襲写真を展示している。予約をすれば、この部屋で空襲を体験した方のお話を聞くことができる。

　本館1階受付横には開架書庫があり、書籍や資料を使い自由に調べものをすることができる。本館2階展示室は戦時下の日常、空襲の実相、証言映像の部屋、空襲後のあゆみと大きく4つのゾーンに区分けされ、灯火管制下の暮らしぶりを再現した部屋や焼夷弾、焼け残った衣類、溶けた貨幣などの被災した物や空襲被害写真、空襲被害者を救護した資料、戦災被災者の補償運動の資料等が展示されている。証言映像作品も自由に視聴することができる。少人数（班行動）での利用、展示案内等も対応している。

1階映像・講話室

2階展示室

灯火管制下の暮らしぶり

牧野記念庭園　（練馬区）

地図 P5D1　P118 参照

　「原色牧野植物大図鑑」の著者として有名な日本の植物学の父といわれる世界的植物学者である牧野富太郎（1862～1957）が、大正15年（1926）より昭和32年に亡くなるまで生活し、植物の研究に没頭した植物園。広さは2,189㎡。昭和33年（1958）から一般に公開されている。センダイヤザクラ・スエコザサなど、約300種類の草木が植栽されている。園内の「記念館本館」陳列室では珍しい植物の押し花、多数の標本、植物関係の書物、博士の遺品などを展示。博士が生前使用していた書斎は、書棚や机などの調度品をそのままに保存している。令和5年（2023）にはNHK連続テレビ小説「らんまん」の主人公に牧野富太郎が選ばれた。

森永乳業株式会社 企業訪問学習　（港区）　**企業**

地図 P10A3　P119 参照

　牛乳や乳製品で有名な森永乳業が次世代の成長を応援することを目的に「企業で働くとはどのようなことか」などの説明や簡単な職業体験を受ける事ができるプログラムを行っている。プログラムでは会社紹介に始まり、社員による仕事内容ややりがいについて講義を受ける事ができ、その後組織の中で働くことができる資質を育てるグループワークや試食などを行っている。質疑応答の時間もある。

見学案内	※編集時点で休止中。要確認
【休日】	土日祝、会社休業日
【時間】	①10時～ ②14時～ 所要時間 60分
【対象年人数】	中学校、高等学校、高等専門学校の在学生 36名まで
【申込み方法・連絡先】	希望日の1ヶ月前までに電話にて予約。
	TEL. 03-3798-0129

品川区立品川歴史館提供

品川区立品川歴史館（品川区）
地図 P4B2　P111 参照　**歴史・文化**

　昭和60年（1985）に開館。常設展示は、「大森貝塚とモース博士」と「東海道品川宿」の二つのテーマを柱に、原始・古代から近現代までの品川区の歴史を分かりやすく展示している。モースたちの発掘した大森貝塚の出土品は国の重要文化財に指定され、現在東京大学に保管されており、代表的な資料4～5点のレプリカを展示。また発掘で、住居址や土器・装身具・魚や動物の骨などが大量に見つかり、その資料のいくつかも展示している。他にも庭園には昭和初期に建てられた茶室「松滴庵」があり、四季の草花と水琴窟の音色が楽しめる。ちなみに品川歴史館より南に5分の場所に「大森貝塚」があり、剥離標本の展示など学習できる庭園となっている。

※**令和6年春頃まで休館予定**

足立区生物園 （足立区）

地図P5E3 P105 参照

　平成5年（1993）開園。園内は様々な姿形を持つ30種類以上の金魚が自由に泳ぐ、幅5.5m、深さ2.3mの大水槽がある「出会いの広場」からそれぞれのゾーンに分かれており、一年中およそ15種500頭のチョウの飛び交う「**大温室**」や、幻のニシキヘビと呼ばれるベーレンニシキヘビがいる「観察展示室」など見ごたえのある展示が並ぶ。「生きもの研究室」では特設展示が見られるほか、解説員に生きものに関する様々な質問をすることが出来る。「チョウの飼育室」ではチョウを卵から育てていて、幼虫・蛹のほか、解説員による飼育風景も見学できる。

　2Fには昆虫の特設展示を行う「むしむしコーナー」があり、地下では飼育の現場を見ることが出来る。屋外にはカンガルーやワラビーなどが見られる「オーストラリアドーム」、モルモットやウサギ、ヒツジとふれあえる「**ふれあいコーナー**」、フクロウのいる「里山の生きもの」、季節の虫を間近に観察できる「昆虫ドーム」がある。

山王草堂記念館 （大田区）
地図P4B2 P110 参照

日本で最初の総合雑誌「国民の友」を発刊、「国民新聞」を創刊し、ジャーナリズムの先駆者と呼ばれた徳富蘇峰が大田区山王に家を建てて山王草堂と称したことからこの名前がついた。書斎や愛用の文房具や印鑑の類などが展示されている。蘇峰は与謝野晶子夫妻とも交流のあった文化人であり、園内に植えたと言われているカタルパの木は、生涯の師であった同志社大学の創立者である新島襄から贈られた種子の木から3代目に当り、二人の深い師弟愛を象徴する由緒ある木として今も大切に保存されている。毎年5・6月には香りの良い白いベル形の花をつける。

羽田クロノゲート （大田区）　交通・物流

地図P4A3 P117 参照

　「クロネコヤマトの宅急便」でお馴染みのヤマトグループ最大級の総合物流ターミナル。見学コースでは宅急便をはじめとした物流の仕組みを実際の設備や展示、アトラクションを通して体感できる。施設内は5つのコーナーからなり、大正8年（1919）創業のヤマト運輸の歴史をパネル紹介する「100 THANKS」、宅急便の仕組みや羽田クロノゲートのビジョンなどを紹介する「**見学者ホール**」、荷物が流れていく様子を空中回廊から実際に見られる「**見学者コリドー**」、施設を管理するモニターで荷物の保安に異常があればすぐに分かる「集中管理室」、プロジェクションマッピングで物流が生み出す社会的な価値を説明する「**展示ホール**」がある。また、ここでは家電などを修理や、医療用機器の洗浄・メンテナンスなど物流の枠を超えた新しいサービスを展開している。大きな広がりを見せる物流の最前線を見学し、これからの進化にも期待させてくれる場所となっている。

見学者コリドー

> **見学案内**
>
> 見学コースは時間帯の予約が必要
> **【休日・時間】** 月曜（祝日の場合開館翌営業日休館）、お盆、年末年始。
> 　　一般向けは火曜が14時〜の1回、水曜が10時〜の1回、金曜が10時〜の1回、木曜と土休日は10時〜と14時〜の2回
> 　　受付開始は30分前から。所要時間90分
> **【対象年人数】** なし。（9才以下は保護者同伴であることが必要）
> 　　1回あたり最大20名まで（1グループ最大5名まで）
> **【申込み方法・連絡先】**
> ・インターネットにて翌日から1ヶ月後まで予約が可能（一般）
> ・1年半（550日）前〜31日前まで電話にて予約（20名以上の団体）
> ※団体は編集時点で受付中止中、要確認

ANA Blue Hangar Tour

（大田区） 交通・物流

地図 P4A3 P105 参照

　飛行機が安全に飛べるように定時整備や改修作業を行うところで、東京国際空港（羽田）の整備場地区にある。ANA グループが使用している飛行機についての説明を受けた後、ボーイング777をはじめ、ボーイング787、ボーイング767などの大型機、中型機の整備作業を見ることができる。また、グッズショップでは、ここでしか手に入らないANAグッズなどもある。

見学案内

設備作業中の飛行機見学、職員による説明や展示ホール見学など。
【休日・時間】土、日、祝日、年末年始
9時半〜、11時〜、13時半〜、15時〜の1日4回　所要時間約90分
【対象年人数】小学生以上対象（小学生を中心とする団体には、19名につき1名成人の引率が必要）。人数40名まで。
【申込み方法・連絡先】インターネットにて予約（6ヶ月前より受付開始）

JAL 工場見学〜スカイミュージアム〜

（大田区） 交通・物流

地図 P4A3 P111 参照

　空の仕事や飛行機について学ぶ大人から子供まで楽しめる体験型ミュージアム。

　展示エリアである「**アーカイブズゾーン**」ではJAL（日本航空）の歩んできた歴史や、歴代制服、歴代航空機のモデルプレーンを螺旋状（らせん）に展示しており、JALの史料を一般公開している。

　「**スカイランウェイ**」では運航乗務員、客室乗務員、航空整備士など各職種のブースを設置し、実際に操縦室（そうじゅう）（コックピット）に座るなどの体験ができる。また各職種毎に日常業務で重要な役割を果たす道具も展示しており仕事内容をより分かりやすく紹介している。

　その他に航空機の飛ぶ仕組みなどを学ぶ航空教室や、皇室フライトや特別フライトを紹介するエリア、記念撮影もできる制服体験エリアなどもあり、航空業界への知識も深められる場所となっている。

見学案内

整備士、運航乗務員、客室乗務員などの経験者からそれぞれの経験を生かした説明を受けられる。
コースはミュージアム体験（60分）→格納庫見学（50分）
【休日・時間】水曜・金曜・年末年始他。9時半〜、10時45分〜、14時45分〜の1日3回
【対象年人数】小学生以上対象（小学校低学年は5名につき1名の割合で成人の同行が必要）1名〜30名まで
【申込み方法・連絡先】インターネットにて予約（1ヵ月前より受付開始）
　TEL.03-5460-3755

白洋舎多摩川工場（工場見学）　（大田区）　企業
地図 P4A2 P117 参照

　日本最大級のクリーニング工場で大型洗濯機やワイシャツのプレス機、プロのアイロンがけの技術や200以上の店舗、集配ルート向けにクリーニング品を仕分けしていく装置などが見学でき、様々な洗濯物が美しく仕上げられていく様子が見学できる。また、白洋舎本社ビル1階では創業者である五十嵐健治記念洗濯資料館があり、クリーニング業の歴史などクリーニングに関する資料を一堂に展示する。資料館は予約が不要だが、見学日に本社受付に申し出ること。

見学案内　※編集時点で休止中。要確認

預かった品物を清潔に洗い上げるための工程を、シミや傷のマーキングから包装まで、各種クリーニング工程別に研究員の説明つきで見学。個人の見学と同業他社の見学不可。
【休日・時間】3月〜10月、土日祝、年末年始。14時〜15時半の間　所要時間90分
【対象年人数】10〜30名までのグループ見学
【申込み方法・連絡先】電話にて予約、03-3759-1336（洗濯科学研究所）

池上梅園（大田区）
地図 P4A2 P105 参照

　池上本門寺の西に位置する丘陵斜面等を利用した閑静な庭園。広さは約8,800㎡。元は日本画家・伊東深水（1898〜1972）の邸宅だった。大田区の区花である梅が紅梅を中心に約370本植えられ、シーズンには30種あまりの様々な梅が観賞できる。また、ツツジ約800株など樹木があり、丘の斜面を利用した広々とした庭園で、四季折々の風情が楽しめる。また、園内には2棟の茶室（聴雨庵・清月庵）と和室があり、梅エリアとは違う和の雰囲気を感じることができる。

池上本門寺　（大田区）
地図 P4A2 P106 参照

　今から約700年以上前の弘安5年（1282）、日蓮大聖人が61歳で入滅した霊跡。病気療養のため身延山から常陸の温泉に向かう途上、信者だった池上宗仲の館での死であり、宗仲が土地を寄進して寺が築かれた。大堂は昭和20年（1945）に空襲で焼失し、昭和39年（1964）に再建された。その外陣の天井画は川端龍子（1885〜1966）の遺作。内陣中央の大型御宮殿（建築厨子）に日蓮大聖人の像を安置し、左に日朗聖人像、右に日輪聖人像を安置する。また、全国で1基だけという、江戸建築が確立する前の桃山期風の「五重塔」は、関東最古のもので、国の重要文化財に指定されている。毎年10月11日、12日、13日の3日間に渡って、日蓮大聖人の遺徳を偲ぶ御会式法要が行われ、12日の夜は30万人にも及ぶ参者で賑わうという。

荒川知水資料館アモア　（北区）　防災

地図P5E2 P105 参照

　東京都と埼玉県にまたがる一級河川の荒川は、昔から洪水が頻繁に発生していた。多くの被災者を出した明治43年（1910）の洪水をきっかけに荒川放水路の基本計画が策定され、約20年の歳月をかけて昭和5年（1930）に完成した。資料館では荒川放水路の歴史を地図や写真で展示するとともに、シミュレーション映像で浅草や赤羽などが浸水する様子を確認できるなど防災について学ぶ部屋がある。ほかにも荒川に生息する魚が見られる「水槽コーナー」や、荒川流域の洪水リスクや治水対策についてプロジェクションマッピングで紹介する「荒川と荒川放水路のすべて」、高規格堤防や水門など国交省の災害対策について紹介する「治水対策・防災力向上支援策コーナー」などがあり、荒川をはじめとした川や水について学べるとともに環境・防災教育という観点でも活用できる場所となっている。

昭和のくらし博物館　（大田区）　歴史・文化

地図P4A2 P111 参照

　昭和26年（1951）建築の庶民住宅を家財道具ごと保存し博物館として公開している施設。昭和は太平洋戦争を経て、生産体制から社会、文化、生活のすべてにおいて大変動が起こった激動の時代である。ここではその時代が人々のくらしに与えた影響を庶民の生活から考えることが出来る。常設展示では洋間の書斎兼応接間、ちゃぶ台があるお茶の間、かまどがある台所、季節ごとの着物を展示する座敷、オモチャなどを展示した子供部屋などがあり、大人から子供まで幅広い層に見応えがありそうな展示になっている。希望により館内のガイドも行っている。

東京湾野鳥公園　（大田区）
地図P4A3 P114 参照

　この公園は元々は海であり、昭和35年（1960）に始まった埋め立て事業で作られた場所である。公園になったのも地面に雨水などが溜まる事で自然と池ができ、そこに野鳥が集まることからバードウォッチングで有名なスポットになり誕生したという。園内には河川の中流から下流までの環境が復元されており、開園以来232種類の野鳥が観察されている。公園内にあるネイチャーセンターには、（公財）日本野鳥の会のレンジャーが常駐し、来園者へ野鳥などの生きものをはじめとした公園の自然について解説してくれる。

　また、予約すれば観察・実験、見学や調査など、体験学習の場として使うことができ、希望に応じてオーダーメイドの学習プログラムを組むことが可能である。

伝統工芸

伝統工芸とは長い年月をかけて人から人、手から手へと受けつがれた伝統的な技術・技法により製作された美術・工芸品のことをいい、多くは生活必需品として私たちの生活に溶け込んだものから生まれました。江戸時代に町人文化が栄えた江戸では、工芸技術の先端地であった京都から多くの職人を招き、技術の発展や職人の育成に力を注ぎました。その中で江戸の「粋」と職人の技が活きる独自の発展を遂げたのが今日の東京の伝統工芸品である。現在東京では41品目が伝統工芸品として指定されている。ここではいくつか紹介する。

東京染小紋
主な製造地 新宿区、世田谷区、練馬区ほか
特徴 江戸時代、武士の礼装である 裃 の染めが行われたことにより発展した。手彫りの型紙を使い、板に張られた白生地の上に地染めを施し染め上げたもの。

江戸更紗
主な製造地 新宿区、豊島区、荒川区ほか
特徴 木綿に染められた五彩（臙脂、藍、緑、黄、茶）のカラフルな染め模様が特徴。インド発祥で日本では江戸更紗として日本独自の文様に変化して染められている。

本場黄八丈
主な製造地 八丈島
特徴 生糸などの紬糸や絹糸を原材料とし、八丈島で自生する草木を原料とする黄色・茶色・黒の3色の天然塗料で染められたもの。着物などで人気がある。

東京銀器
主な製造地 台東区、荒川区、文京区ほか
特徴 純銀99.9%以上の東京にて加工されたものをいい、戦後、外国人の増加によりスプーンなどの需要が増加して人々に普及した。現在では装身具、各種置物などに使われている。

江戸切子
主な製造地 江東区、江戸川区、墨田区ほか
特徴 天然石やダイヤホィールを用いてガラスの表面に模様を彫刻したものをいい、江戸時代にビードロ屋加賀屋久兵衛が創始したと伝わる。その後、技法の確立やガラス素材の発展により、今日の美しいガラス工芸品と発展している。

東京七宝
とうきょうしっぽう

主な製造地 台東区、荒川区、北区ほか

特徴 江戸時代初め、平田彦四郎が朝鮮人より七宝を学んで凹部に色付けしたと言われる。幕末や明治期に勲章として贈られる品となり、現在では女性・男性装身具、校章、社章、その他其の用途は非常に多い。

東京手描友禅
とうきょうてがきゆうぜん

主な製造地 新宿区、練馬区、中野区ほか

特徴 友禅染は京都の扇面絵師であった宮崎友禅斎により創始されたと伝えられ、江戸幕府の開設により多くの職人が江戸に移り住み、その技法などが伝承された。図案や友禅の色指しなどの工程がほぼ作者の一貫作業となっているのが特徴。

江戸硝子
えどがらす

主な製造地 墨田区、江東区、江戸川区ほか

特徴 江戸地域で江戸時代から続く手作りの技法で作られたガラス製品で、上総屋留三郎が簪や風鈴等を製作したのが始まりとされいる。現在でも日常生活で使用する工芸品として発展している。

染の里 二葉苑 （東京染小紋）

地図 P6A3

　細かい模様柄の型染めのことを小紋型染めと呼んでいたことからこの名が伝わったとされ、江戸時代に武家の礼装である裃に用いられ普及した。江戸に全国の諸大名家の江戸屋敷が置かれ、大名家によって独自の文様を着用したためである。後に小紋は町人文化にも普及し、きものや羽織等に染め上げるようになり需要が拡大したが、明治になると欧風化の影響で男性の小紋の需要は減少した。現在の東京小紋は東京で型彫りをし、染められるものをいい、主に着物の生地に使われているが、その高度な技術からタペストリーやスカーフ・ファッショングッズなども作られている。

　ここではテーブルセンターやトートバックなどの型染め染色体験ができる。

体験情報	
料金	①テーブルセンター 3,300 円 ②バック 3,300 円
所要時間	約 120 分
休み	月曜日
時間	要相談

7営業日前までに電話・HPから要予約。1～4名までの少人数予約は曜日が限られているため要確認。

お問合せ先	
株式会社	二葉
所在地	〒161-0034　新宿区上落合 2-3-6
アクセス	【電車】東京メトロ東西線「落合」駅から徒歩15分／都営大江戸線「中井」駅から徒歩4分
電話番号	03-3368-8133

東京染めものがたり博物館　　[東京染小紋・江戸更紗]

地図 P6B3

日本に更紗の技術が伝わったのは室町時代。当時盛んであった南蛮貿易によってもたらされたとされている。その後、江戸時代を迎えて職人たちは型染技術を駆使し、日本の風土と独特の美意識を取り入れて発展させたのが今日の「江戸更紗」である。江戸更紗は神田川をはじめとした東京の水が硬水であるために、「侘・寂」を感じさせる味わいと色合いに染め上がる特徴があり、現在、日本で産地を形成しているのは東京の江戸更紗だけとなっている。

ここでは江戸小紋・江戸更紗を中心とした染の現場を見ることができる。江戸小紋の染め道具の展示などもあり、ハンカチサイズの型付け体験も行っている。

体験情報

【見学】

料金	無料(解説なし。型付けを行う板場と展示物を自由に見学)
所要時間	約 30 分
見学可能日	月〜金 (臨時休館あり)
時間	10時〜12時・13時〜16時

【体験】

料金	小裂 (こぎれ) 2,500円・袱紗 (ふくさ) 4,500円 (講義と解説つき工房見学を含む)
所要時間	1時間半〜2時間
体験可能日	月〜金曜日 (5名以上で開催、臨時休館あり)
時間	①9時〜②10時〜③13時半〜④14時〜⑤14時半〜 体験は一週間前までにFAXで要予約

お問合せ先

東京染ものがたり博物館 (株式会社　富田染工芸)	
所在地	〒169-0051　新宿区西早稲田 3-6-14
アクセス	【電車】都電荒川線「面影橋」駅下車徒歩2分／JR山手線「高田馬場」駅・東京メトロ東西線「高田馬場」駅「早稲田」駅下車徒歩15分
電話番号	03-3987-0701 (問合せのみ)
FAX	03-3980-2519 (問合せ・申し込み)

すみだ江戸切子館　　[江戸切子]

地図 P8B4

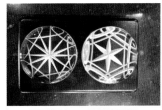

江戸切子とは金盤に金剛砂を用いてガラスの表面に様々な彫刻や細工をしたカットグラスのことで、天保5年 (1834) に大伝馬町の加賀屋久兵衛が創始と伝えられている。明治14年 (1881) に切子指導者として英人技師を招き、十数名の日本人がその指導を受け、現代に伝わる江戸切子の伝統的なガラス工芸技法が確立されました。その後も　庶民の手によって今日まで伝えられてきた江戸切子は優れた工芸品として今も高い人気を得ている。

ここではガラスのペーパーウエイト (文鎮) を加工する切子体験ができる。

体験情報

料金	小学生は1,400円+税 (ペーパーウエイト加工体験)　中学生以上は4,500円+税 (素材により異なる・オリジナルグラス加工体験)
定員	小学4年生以上から4名 (小中学生は6名まで)
所要時間	小学生は60分　中学生以上は90分
休館日	月曜・日曜・祝日
時間	10時半〜、13時〜、15時〜の1日3回 ※予約制

お問合せ先

すみだ江戸切子館	
所在地	〒130-0012　墨田区太平 2-10-9
アクセス	【電車】JR山手線「錦糸町」駅下車、徒歩6分／東京メトロ半蔵門線「錦糸町」駅下車、徒歩6分
電話番号	03-3623-4148
FAX	03-3623-4148

坂森七宝工芸店　　[東京七宝]

地図 P7C3

　金、銀、銅などの基板の上に、ガラス質の釉薬（ゆうやく）をのせて、800度前後で焼成した工芸品。日本では江戸時代初期に平田彦四郎（ひらたひこしろう）が朝鮮からの渡来人に七宝技術を学び、制作が始まったとされている。その後、日本の七宝が世界に認められるようになったのは、江戸末期に梶常吉（かじつねきち）がオランダ七宝を研究して帰国。その技術を広め、発展させてからのこととなる。明治時代になると七宝は日本の代表的な輸出品となり、多くの欧米の愛好家を魅了した。現在でも七宝は女性装身具、紳士装身具、スプーン、校章など、その用途は多岐にわたっている。

　体験ではペンダントやストラップなどのオリジナルの七宝焼きが作ることができる。

体験情報

料金	中高生は2,000円（ペンダント1点）・2,500円（ペンダント1点＋その他1点）
定員	4名以上〜14名まで
所要時間	約2時間
休館日	日曜日・祝日
時間	9時〜12時の2時間　※予約制
予約方法	予約は学校からの電話・FAXのみ。学校名・希望日・時間・人数を連絡。

お問合せ先

坂森七宝工芸店	
所在地	〒111-0041　台東区元浅草 1-2-1
アクセス	【電車】都営大江戸線「新御徒町」駅下車、徒歩2〜3分／JR「御徒町」駅下車、徒歩15分
電話番号＆FAX	03-3844-8251

篠原まるよし風鈴　　[江戸風鈴]

地図 P7C3

　風鈴の起源は中国で竹林に下げて風の向きや音の鳴り方で吉凶を占った占風鐸（せんふうたく）が始まりとされ、日本にも仏教と一緒に伝来しました。寺院の建物の四隅に吊り下げられた青銅製の「風鐸」は厄除けの道具として今でも使われている。ガラス製の風鈴が現れるのは、ガラス製法が伝来した江戸時代中期といわれ、工芸品として風鈴が普及し、いつからかその音色から夏の風物詩として日本特有の風情を感じさせてくれるものとなっている。

　ここではガラスの内側から絵付けするオリジナル風鈴制作の体験ができる。また、ガラスを吹いて膨らます工程からの体験もできる。

体験情報

料金	①ガラスの内側から絵付けをする体験1,700円②ガラス吹きから絵付けまでの体験2,300円（期間限定）
所要時間	①約30〜90分　②約60〜90分
休み	不定休（HP要確認）
時間	10時半〜18時（変更あり）電話・FAX・HPから要予約。近日の予約は電話すること

お問合せ先

篠原まるよし風鈴	
所在地	〒110-0016　台東区台東 4-25-10
アクセス	【電車】都営地下鉄大江戸線「新御徒町」駅から徒歩1分／東京メトロ日比谷線「仲御徒町」駅から徒歩6分
電話番号	03-3832-0227
FAX	03-3832-0255

食品サンプル製作体験

地図 P8A3

日本独自の文化として訪日外国人にも人気の「食品サンプル」。大正末期の登場から外食産業の発展とともに普及し、飲食店の店頭に食品サンプルを陳列するというスタイルが定着した。食品サンプル製作を体験できる場所は、飲食店に関わるものは何でも揃うと言われている合羽橋道具街にある元祖食品サンプル屋。昔ながらの蝋を使った技法で食品サンプルを製作し持ち帰ることができる。また店内では食品サンプルの伝統技法と現代の職人のセンスが融合して生み出されるユニークで楽しい商品も販売している。

体験情報

料金	①天ぷら&レタス2,500円（1名／税込） ②ソース焼きそば（目玉焼き付き）3,000円（1名／税込） ③グループ向けピザ26,400円（1回／税込）
所要時間	①約40分　②約1時間15分　③約1時間30分※1回8名まで貸切での利用
休み	定休なし（年末年始休業あり）
時間	電話にて要予約

お問合せ先

	元祖食品サンプル屋　合羽橋店
所在地	〒111-0035 東京都台東区西浅草3-7-6
アクセス	つくばエクスプレス「浅草駅」徒歩5分 ※東武線および地下鉄の「浅草駅」とは異なります。 東京メトロ銀座線「田原町駅」徒歩12分
電話番号	0120-17-1839（フリーダイヤル）

雷おこし　地図P8A3

東京・浅草名物として名高い「雷おこし」とはお米などを原料に焙煎した「おこし種」を使い、砂糖、水飴、ピーナッツなどを混ぜて練り固めた和菓子の一つ。起源は定かではないが、江戸時代後半から作られ売られていたといわれている。名称は浅草寺の総門・雷門（風雷神門）に由来し、雷除け（厄除け）や「名を起こす」「家を起こす」といった縁起物として人気が出て、現在も東京を代表する銘菓として全国に知られている。

体験では雷おこし作りができ、出来立ての雷おこしを味わえる。令和4年（2022）4月に雷おこしの製造から商品になるまでの工程を見学できる「浅草工房」がオープン。常盤堂（ときわ）雷おこし本舗の歴史、おこし種の種類、製造工程、商品について、係員が詳しく説明してくれる見学ツアーも行っている。（有料）

体験情報

【見学】浅草工房見学ツアー

料金	1,100円（オリジナルお土産付） ※見学のみは無料
所要時間	30分
休み	月曜日
時間	10時〜12時、13時〜15時 ツアー参加は事前に連絡

【体験】

料金	2,420円
定員	10名まで
所要時間	30分〜1時間（人数により異なる）
休み	月曜日
時間	①10時・②12時半・③15時 HPのFAX予約フォームにて要予約

お問合せ先

	雷5656会館
所在地	〒111-0032　台東区浅草3-6-1
アクセス	【電車】東京メトロ銀座線・浅草線「浅草」駅から徒歩10分
電話番号	03-3874-5656
FAX	03-3871-5030

名称	電話(03) 所在地・交通・最寄(→は所要分)	時間・休み (年末年始除く)	料金ほか	参照頁 地図
相田みつを美術館	6212-3200　千代田区丸の内3-5-1　東京国際フォーラムB1F 【交通】JR／有楽町線→3分、JR／東京駅→5分、日比谷線・千代田線・三田線／日比谷駅→7分、丸ノ内線・銀座線／東京駅→7分	10時～17時 【休み】月曜（祝日の場合開館） 【所要時間】60分	一般1000・高中800・小300円	24 10B1
i-muse (アイミューズ)	6204-7032(i-muse受付)　江東区豊洲三丁目1-1　豊洲IHIビル 【交通】有楽町線・ゆりかもめ／豊洲駅→5・10分	9時半～17時半 【休み】土曜・日曜・GW・夏季 【所要時間】40分	無料　団体(20名程度以上)は要予約。	87 11A2
青山霊園	3401-3652(管理事務所)　港区南青山2-32-2 【交通】千代田線／乃木坂駅→10分、銀座線／外苑前駅→7分	出入自由	無料　桜の名所で有名。斉藤茂吉や大久保利通などの日本の近代史に名を連ねた著名人の墓がある。	- 9C2
赤羽自然観察公園	3908-9275(道路公園課公園河川係)　北区赤羽西5-2-1 【交通】JR／赤羽駅→13分、三田線／本蓮沼駅→13分	8時～18時(10月～3月は～16時半、入園は共に30分前まで) 【休み】無休	面積5.4ha。デイキャンプができるよう、かまどと流しが設置された炊事棟があり、池には自然の湧水が流れ込む。	- 5E2
アクアシティお台場 (レストラン・シネマ・ショッピング等)	3599-4700　港区台場1-7-1 【交通】ゆりかもめ／台場駅→1分、りんかい線／東京テレポート駅→6分	11時～(飲食～23時、物販～21時) 【休み】不定休	店舗	81 10C4
秋葉原電気街	千代田区外神田 【交通】JR／日比谷線・つくばエクスプレス／秋葉原駅			41 7B4
マクセル アクアパーク品川	5421-1111　港区高輪4-10-30(品川プリンスホテル内) 【交通】JR／品川駅→2分	10時～20時(月・土休日により異なる)※最終入場は1時間前まで 【休み】年中無休 【所要時間】120分~	高校生以上2500・中小1300・4才以上800円	76 9C4
浅草花やしき	3842-8780　台東区浅草2-28-1 【交通】銀座線・浅草線・東武スカイツリーライン・つくばエクスプレス／浅草駅→5分	10時～18時(季節・天候により変更) 【休み】なし(メンテナンス休園日あり)【所要時間】60分	(入園＋フリーパス)中以上3800・小人(小～5歳)2900円　※団体(15名以上)割引あり	67 8A3
浅草文化観光センター	3842-5566　台東区雷門2-18-9 【交通】銀座線・浅草線・東武スカイツリーライン／浅草駅→5分	9時～20時(変更あり)	無料	- 8A3
浅草神社	3844-1575　台東区浅草2-3-1 【交通】銀座線・浅草線・東武スカイツリーライン・つくばエクスプレス／浅草駅→10分	境内参拝自由　【所要時間】30分		66 8A3
朝倉彫塑館	3821-4549　台東区谷中7-18-10 【交通】JR・京成線／日暮里駅→5分	9時半～16時半 【休み】月・木曜(祝日の場合翌日)、特別整理期間等	一般500・高中小250円	40 7B2
飛鳥山公園	3908-9275　北区王子1-1-3 【交通】JR・南北線／王子駅→1分、都電荒川線／飛鳥山駅→1分	【所要時間】20分		59 7A1
北区飛鳥山博物館	3916-1133　北区王子1-1-3 【交通】JR・南北線／王子駅→5分、南北線／西ヶ原駅→7分、都電荒川線／飛鳥山駅→4分	10時～17時 【休み】月曜(祝日の場合翌日) 【所要時間】30分	一般300・高中小100円 紙の博物館と渋沢史料館との3館共通券あり	59 7A1
アド・ミュージアム東京	6218-2500　港区東新橋1-8-2カレッタ汐留 【交通】ゆりかもめ・大江戸線／汐留駅→1分、浅草線・銀座線／JR／新橋駅→7分	12時～18時※日時指定予約制 【休み】日・祝日、他 【所要時間】90分	無料	34 10B2
愛宕神社 (愛宕山)	3431-0327　港区愛宕1-5-3 【交通】日比谷線／神谷町駅→5分、銀座線／虎ノ門駅→8分、三田線／御成門駅→8分	参拝自由　【所要時間】15分		29 10A2
足立区生物園	3884-5577　足立区保木間2-17-1元渕江公園内 【交通】東武スカイツリーライン／竹ノ塚駅、東口より、東武バスで「保木間仲通り」→5分	9時半～17時(11～1月は～16時半)※入場は30分前まで 【休み】月曜(祝日の場合翌日) 【所要時間】90分	高校生以上300・中小150円	96 5E3
足立区立郷土博物館	3620-9393　足立区大谷田5-20-1 【交通】JR・千代田線／綾瀬駅、西口より東武バス(六ツ木都住行)で「東渕江庭園」→4分	9時～17時(入館は16時半) 【休み】月曜(祝日の場合翌日)、他 【所要時間】30分	高校生以上200円、中学生以下無料	- 5E4
有栖川宮記念公園	3441-9642(管理事務所)　港区南麻布5-7-29 【交通】日比谷線／広尾駅→3分	入園自由　【所要時間】45分		- 9C3
アーティゾン美術館	050-5541-8600(ハローダイヤル)　中央区京橋1-7-2 【交通】JR／東京駅→5分、銀座線・東西線・浅草線／日本橋駅→5分	10時～18時(金曜は～20時) 【休み】月曜(祝日の場合翌日)、他	展覧会により異なる	- 10BC1
ANA Blue Hangar Tour ANA機体工場見学	6700-2222　大田区羽田空港3-5-4 【交通】東京モノレール／新整備場駅→15分	【休み】土日祝【所要時間】90分	無料　インターネットにより要予約	97 4A3
アメ横 (アメヤ横丁)	3832-5053(アメ横商店街連合会:上野6-10-7アメ横プラザ内)　台東区上野・御徒町 【交通】JR・銀座線・日比谷線／上野駅→1分、JR／御徒町駅→5分	基本的に無休で8時頃から21時頃まで開店している。		37 7C3
新井薬師(梅照院)	3386-1355　中野区新井5-3-5 【交通】西武新宿線／新井薬師前駅→5分	参拝自由　【所要時間】10分		- 5D2
荒川区立 荒川ふるさと文化館	3807-9234　荒川区南千住6-63-1 【交通】JR・日比谷線／南千住駅→10分	9時～17時 【休み】月曜(祝日の場合は開館し、翌日休館)、毎月第2木曜 【所要時間】30分	常設展100円　区内で発掘された遺跡や土器、中世の板碑、近世の町や農村の暮らし、昭和41年頃の復元商家などが展示。	- 8A1
荒川自然公園	3803-4042(管理事務所)　荒川区荒川8丁目25-3 【交通】都電荒川線／荒川二丁目駅→1分	6時～21時(季節による) 【休み】毎月第1・第3水曜(祝日の場合翌日)	施設ごとに異なる。交通園、昆虫観察園(夏期のみ)は無料。	40 7C1
荒川知水資料館アモア	3902-2271　北区志茂5-41-1 【交通】南北線／赤羽岩淵駅→15分、JR／赤羽駅→20分	9時半～17時(11～2月は～16時半)土日祝は10時～ 【休み】月曜(祝日の場合翌日)、お盆、他	無料　土日祝日はアモアボランティアによるガイドを行っている。	99 5E2
池上梅園	3753-1658　大田区池上2-2-13 【交通】浅草線／西馬込駅→10分、東急池上線／池上駅→20分	9時～16時半　【休み】2・3月除く月曜(祝日の場合翌日) 【所要時間】20分	高校生以上100・小人(6歳以上16歳未満)20円	98 4A2

※入館時間は記載時間とは異なる場合があります。駅からの所要分や物件での所要時間は目安です。
※なお、記載内容は2023年3月現在のものです。新型コロナウィルス等の影響に伴い、臨時休業や人数制限、団体受付停止、事前予約制導入、時間短縮などを行っている場合がございます。必ず事前に見学状況の確認を行って下さい。

	名称	電話(03)	所在地・交通・最寄(→は所要分)	時間・休み(年末年始除く)	料金ほか	参照頁 地図
い	池上本門寺	3752-2331	大田区池上1-1-1 交通浅草線/西馬込駅→12分、東急池上線/池上駅→10分	参拝自由 【所要時間】60分		98 4A2
	池波正太郎記念文庫 (台東区立中央図書館)	5246-5915	台東区西浅草3-25-16　台東区立生涯学習センター内 交通つくばエクスプレス/浅草駅→8分、日比谷線/入谷駅→8分、銀座線/田原町駅→12分	9時〜20時(日・祝は〜17時日)、特別整理期間　【所要時間】30分	無料　「鬼平犯科帳」など、数々の時代小説の原稿執筆の様子を再現した書斎や代表作の絵画等を展示。	- 7C3
	石川島資料館	5548-2571	中央区佃1-11-8　ピアウエストスクエア1F 交通有楽町線・大江戸線/月島駅→6分	10時〜12時、13時〜17時 【開館日】水曜・土曜 【所要時間】30分	無料	35 10C2
	板橋区立赤塚植物園 (本園&万葉・薬用園)	3975-9127	板橋区赤塚5-17-14 交通三田線/西高島平駅→20分、東武線/下赤塚駅→16分	9時〜16時半(12月は〜16時) 【休み】無休 【所要時間】30分	無料	- 5E1
	板橋区立 教育科学館	3559-6561	板橋区常盤台4-14-1 交通東武東上線/上板橋駅→5分	9時〜16時半(夏休み期間は9時〜17時) 【休み】月曜(祝日の場合翌日) 【所要時間】60分	無料 プラネタリウム(有料)や、身近な日常生活の中の科学をテーマにした体験型常設展示がある	- 5E2
	板橋区立郷土資料館	5998-0081	板橋区赤塚5-35-25 交通三田線/西高島平駅→13分	9時半〜17時 【休み】月曜(祝日の場合翌日) 【所要時間】20分	無料(今後、展示によっては有料となる場合も有り)	93 5E1
	板橋区立熱帯環境植物館 (グリーンドームねったいかん)	5920-1131	板橋区高島平8-29-2 交通三田線/高島平駅→7分	10時〜18時(入館は〜17時半) 【休み】月曜(祝日の場合翌日) 【所要時間】30分	大人260・中小130円 土日は小中学生入館無料(要問合せ)	94 5E1
	板橋区立美術館	3979-3251	板橋区赤塚5-34-27 交通三田線/西高島平駅→13分	9時半〜17時　【休み】月曜(祝日の場合翌日)、展示替期間 【所要時間】60分	展覧会ごとに異なる(館蔵品展などは無料)。土曜は小・中・高校生は無料。	- 5E1
	市ヶ谷記念館	3268-3111(代)	新宿区市谷本村町5-1 交通JR・南北線・有楽町線/市ヶ谷駅→10分、丸ノ内線・南北線/四ツ谷駅→10分	午前・午後各1回の定時見学(9時半〜11時20分・13時半〜15時50分)　【休み】土日祝	無料　要予約(3ヶ月前から)※大本営地下壕跡の入場料は高校生以上1700円・身分証明書を昭和21年(1946)、極東国際軍事裁判の法廷として使用された。記念館棟を結ぶ1.3kmの徒歩見学。	- 6C4
	一之江名主屋敷	5662-7176(文化財係)	江戸川区春江町2-21-20田島家 交通新宿線/瑞江駅→15分	10時〜16時 【休み】月曜、その他 【所要時間】20分	100円(施設維持協力費)　中学生以下無料	- 4C4
	台東区立一葉記念館	3873-0004	台東区竜泉3-18-4 交通日比谷線・都電荒川線/三ノ輪駅→10分	9時〜16時半(入館は〜16時) 【休み】月曜(祝日の場合翌日)、特別整理期間 【所要時間】30分	大人300・高中小100円	68 8A2
	出光美術館 (いでみつ)	050-5541-8600(ハローダイヤル)	千代田区丸の内3-1-1　帝劇ビル9F 交通日比谷線・千代田線/日比谷駅→3分、有楽町線・JR/有楽町駅→3分	10時〜17時(金曜〜19時※入館は30分前まで) 【休み】月曜(祝日の場合翌日)、展示替期間	一般1200・大高800円・中学生以下無料(保護者同伴要)	- 10B1
	入谷鬼子母神 (仏立山真源寺)	3841-1800	台東区下谷1-12-16 交通日比谷線/入谷駅→1分、JR/鶯谷駅→7分	参拝自由	創建は万治2年(1659)。江戸三鬼子母神の一つで、安産子育ての神様。毎年7月の3日間朝顔市。	- 7C2
	印刷博物館	5840-2300	文京区水道1-3-3　トッパン小石川本社ビル 交通有楽町線/江戸川橋駅→8分、JR・東西線・南北線・大江戸線/飯田橋駅→13分、丸ノ内線・南北線/後楽園駅→15分	10時〜18時(入館は17時半まで) 【休み】月曜(祝日の場合翌日)、展示替期間 【所要時間】90分	(常設展)一般400・大200・高100円・中学生以下無料　企画展期間中は入場料が変わる。5/5(こどもの日)、11/3(文化の日)は入場無料	45 7A3
	インターメディアテック	050-5541-8600(ハローダイヤル)	千代田区丸の内2-7-2 KITTE2〜3階 交通JR・東京駅→1分、丸ノ内線/東京駅→すぐ、千代田線/二重橋前駅→2分	11時〜18時(金土は〜20時) 【休み】月曜(祝日の場合翌日)、他 【所要時間】60分	無料 日本郵便と東京大学総合研究博物館が協働で運営をおこなう施設。東京大学が明治10年(1877)の創学以来、長年にわたり蓄積してきた数多くの学術標本を展示する。	- 10B1
う	東京都 上野恩賜公園	3828-5644(公園管理所)	台東区上野公園5-20 交通JR・銀座線・日比谷線/上野駅→2分、京成線/京成上野駅→6分、千代田線/湯島駅→6分、大江戸線/上野御徒町駅→8分	入園自由(23時〜5時入禁止) 【休み】無休 【所要時間】60分		36 7B3
	東京都恩賜 上野動物園	3828-5171	台東区上野公園9-83 交通JR・銀座線・日比谷線/上野駅→12分、京成線/京成上野駅→10分、千代田線/根津駅→5分、大江戸線/上野御徒町駅→15分	9時半〜17時(入園券発売〜16時) 【休み】月曜(祝日、都民の日の場合翌日) 【所要時間】120分	一般600・中200・65歳以上300円・小以下無料 3/20(開園記念日)、5/4(みどりの日)、10/1(都民の日)は入園無料、都内在住在学の中学生無料	36 7B3
	上野の森美術館	3833-4191	台東区上野公園1-2 交通JR・銀座線・日比谷線/上野駅→3分、大江戸線・上野御徒町駅→7分、千代田線/湯島駅→9分	10時〜17時　企画展により時間・料金が異なる 【休み】不定休(展示により異なる)	展示により異なる	- 7C3
	植村冒険館	6912-4703	東京都板橋区加賀1-10-5 植村記念加賀スポーツセンター内 交通三田線/蓮根駅→5分	10時〜18時 【休み】月曜(祝日の場合翌日) 【所要時間】60分	無料 日本人として初めて世界最高峰エベレストの登頂に成功した植村直己の冒険の数々を紹介する	- 5E2
	浮世絵太田記念美術館	050-5541-8600(ハローダイヤル)	渋谷区神宮前1-10-10 交通千代田線・副都心線/明治神宮前駅→3分、JR/原宿駅→5分	10時半〜17時半 【休み】月曜(祝日の場合翌日)、毎月27日前後から月末、展示替期間 【所要時間】30分	展示により異なる。中学生以下無料	53 9B2
	うんこミュージアム TOKYO		東京都江東区青海1丁目1-10ダイバーシティ東京　プラザ 2F 交通ゆりかもめ/台場駅→5分、りんかい線/東京テレポート駅→3分	11時〜20時(休日は10時〜21時)※入場は1時間前まで 【休み】不定休	大人1800〜2300・高中1400〜1500・4歳以上900〜1000円(入場日によって料金は変わる)	80 10C4
え	永久寺 (目黄不動)	3801-6328	台東区三ノ輪2-14-5 交通日比谷線/三ノ輪駅→1分	境内自由	鎌倉末期に創建。不動堂に祀られる不動明王は、慈覚大師の作と伝えられる江戸五色不動の一つ。	- 8A2
	永青文庫 (えいせい)	3941-0850	文京区目白台1-1-1 交通有楽町線/江戸川橋駅→15分、副都心線/雑司が谷駅→15分	10時〜16時半 【休み】月曜(祝日の場合翌日)、展示替期間 【所要時間】60分	一般800・大高500円(特別展を除く)・中小無料 江戸時代の熊本54万石細川家伝来の歴史資料や美術品等の文化財を収蔵。年に四つの会期に分けて、美術工芸品を中心に公開展示している。	6C3
	エース「世界の カバン博物館」	3847-5680	台東区駒形1-8-10 エース東京本社8F 交通浅草線・都営線/浅草駅→1分	10時〜16時半 【休み】日祝日 【所要時間】60分	無料 昭和50年(1975)に開館。世界50ヶ国以上から集めたバッグやラゲージの秀作550点を展示。	67 8A3

※入館時間は記載時間とは異なる場合があります。駅からの所要分や物件での所要時間は目安です。
※なお、記載内容は2023年3月現在のものです。新型コロナウィルス等の影響に伴い、臨時休業や人数制限、団体受付停止、事前予約制導入、時間短縮などを行っている場合がございます。必ず事前に見学状況の確認を行って下さい。

名称	電話(03) 所在地・交通・最寄(→は所要分)	時間・休み(年末年始除く)	料金ほか	参照頁地図
回向院(小塚原刑場跡)	3801-6962 荒川区南千住5-33-13 交通JR・日比谷線・つくばエクスプレス・南千住駅→1分	【開門時間】9時〜16時 【所要時間】20分	刑死者らの供養のために開いた寺で、安政の大獄の橋本佐内・吉田松陰・頼三樹三郎らが葬られている。	- 8A2
えこっくる江東	3644-7130 江東区潮見1-29-7 交通JR／潮見駅→8分、有楽町線／辰巳駅→15分	常設展示9時〜17時、その他9時〜17時(入館は〜16時) 【休み】月曜(祝日の場合翌日)	無料 ごみ処理問題や地球全体の環境問題などを体感しながら学べる学習施設。	- 11B2
江戸川区郷土資料室	5662-7176 江戸川区松島1-38-1グリーンパレス3F 交通JR／新小岩駅→20分	9時〜17時 【休み】祝日・グリーンパレス休館日	区の歩み、くらしのわざ、川と海と江戸川区のテーマで展示。	- 5D4
江戸川区自然動物園	3680-0777 江戸川区北葛西3-2-1(江戸川区立行船公園内) 交通東西線／西葛西駅→15分	10時〜16時半(11月〜2月は〜16時) 土曜祝日9時半 【休み】月曜(祝日の場合は翌日) 【所要時間】30分	無料 ウサギやモルモットを抱いたり、ヤギやヒツジに自由にさわれる。オタリア(アシカの仲間)への餌やりも迫力満点。	- 4C4
江戸川平成庭園	3675-6442(源心庵) 江戸川区北葛西3-2-1(江戸川区立行船公園内) 交通東西線／西葛西駅→15分	常時開園 【所要時間】30分	面積10,200㎡、様式は「築山池泉廻遊式庭園」で、四季を通じて自然のさまざまな変化が楽しめる。	- 4C4
江戸たいとう伝統工芸館	3842-1990 台東区浅草2-22-13 交通銀座線・浅草線・東武伊勢崎線・つくばエクスプレス／浅草駅→5分	10時〜18時 【休み】第2・第4火曜日 【所要時間】30分	無料	68 8A3
東京都江戸東京博物館	3626-9974 墨田区横網1-4-1 交通大江戸線／両国駅→3分	2025年度までリニューアル工事予定		73 8A4
NHK放送博物館	5400-6900 港区愛宕2-1-1 交通日比谷線／御成門駅→8分、日比谷線／神谷町駅→8分、銀座線／虎ノ門駅→13分	10時〜16時半 【休み】月曜(祝日の場合翌日) 【所要時間】90分	無料	29 10A2
NTTインターコミュニケーションセンター(ICC)	(0120)144-199(フリーダイヤル) 新宿区西新宿3-20-2 東京オペラシティタワー4F 交通京王新線／初台駅→2分	11時〜18時 【休み】月曜(祝日の場合翌日)、展示替期間、その他	企画により料金は異なる。オープンスペースは無料。	- 9A1
NTTドコモ歴史展示スクエア	6658-3535 墨田区横網1-9-2 NTTドコモ墨田ビル1F 交通JR／両国駅→6分、大江戸線／両国駅→3分	10時〜17時(予約制) 【休み】日祝月曜 【所要時間】20分(個人)	無料 10名以上の団体は要予約	73 8A4
恵比寿ガーデンプレイス	5423-7111(インフォメーション) 渋谷区恵比寿4-20 交通JR・日比谷線／恵比寿駅→5分	時間は店舗により異なる	店舗	63 9B3
エビスビール記念館	5423-7255 渋谷区恵比寿4-20-1 交通JR・日比谷線／恵比寿駅→8分	※2023年末にリニューアルオープン予定		63 9B3
円通寺	3891-1368 荒川区南千住1-59-11 交通日比谷線／三ノ輪駅→5分	【開門時間】8時〜16時 【所要時間】15分	境内に彰義隊の墓があり、無数の弾痕が往時の激戦を今に伝えている。	- 8A2
延命寺(小塚原刑場跡)	3807-0897 荒川区南千住2-34-5 交通JR・日比谷線・つくばエクスプレス／南千住駅→2分	【所要時間】15分	江戸の刑場は、品川の鈴ヶ森と板橋、小塚原の三つ。菩提を弔う首切地蔵が建つ。	- 8A2
大井の大仏(養玉院如来寺)(おおぼとけ)	3763-0711 品川区西大井5-22-25 交通JR／西大井駅→10分、浅草線／馬込駅→10分	【所要時間】15分	五体の大仏が安置されている。8/13の夕方には千灯供養がある。	- 4B2
大倉集古館	5575-5711 港区虎ノ門2-10-3 交通南北線／六本木一丁目駅→5分、日比谷線／神谷町駅→7分、銀座線／虎ノ門駅→10分	10時〜17時(入館は〜16時半) 【休み】月曜(祝日の場合翌日)、展示替期間	一般1000・大高800円・中学生以下無料 ※展覧会により異なる	- 10A2
大田区立郷土博物館	3777-1070 大田区南馬込5-11-13 交通浅草線／西馬込駅→7分	9時〜17時 【休み】月曜(祝日の場合開館)、他 【所要時間】60分	無料 区内の考古、歴史、民俗資料などの文化遺産を保管、展示。	- 4A2
大田区立熊谷恒子記念館	3773-0123 大田区南馬込4-5-15 交通浅草線／西馬込駅→10分	休館中 再開未定	現代女流かな書の第一人者の旧宅で。旧書斎が残されていて、作品170点と遺品や関係資料などを所蔵。	- 4A2
大田区立龍子記念館(りゅうし)	3772-0680 大田区中央4-2-1 交通浅草線／西馬込駅→15分	9時〜16時半(入館は〜16時) 【休み】月曜(祝日の場合翌日) 【所要時間】30分	通常展は大人200・中小100円 洋画家を志し、後に日本画に転進した巨匠・龍子の代表作を保存し、公開。	- 4A2
大田区立多摩川台公園古墳展示室	3721-1951(公園事務所) 大田区田園調布1-63-1 交通東急東横線・目黒線／多摩川駅→5分	9時〜16時半	無料 全長約60m級の前方後円墳の一部が実物大で再現されており、埴輪などの出土品を数多く展示している。	- 4B1
大谷美術館	3910-8440 北区西ヶ原1-27-39 旧古河庭園内 交通JR／上中里駅→7分・駒込駅→12分、南北線／西ヶ原駅→7分、都電荒川線／飛鳥山駅→18分	10時半〜16時半(入館は〜16時) 【休み】月曜(祝日の場合翌日)、8月中旬、他 【所要時間】60分	一般400円・小以下無料(旧古河邸見学)ガイドツアーは1人800円(庭園入園料別途)	7A1
鷲神社(おおとり)	3876-0010 台東区千束3-18-7 交通日比谷線／入谷駅→7分、つくばエクスプレス／浅草駅→8分、銀座線／田原町駅→15分	境内自由	「おとりさま」として親しまれており、11月の例祭「酉(とり)の市」では、開運、授福、殖産、除災、商売繁盛をお祈りする。	- 8A2
大鷲神社(花畑)	3883-2908 足立区花畑7-16-8 交通東武伊勢崎線／谷塚駅、またはつくばエクスプレス／六町駅からバス(桑袋団地行き)で「保木間記念総合体育館」→5分	境内自由	浅草の鷲神社の奥の院という。美しい彫刻を施した現社殿は、明治8年(1875)の建築。11月の西の市は有名。	- 5E3
大森貝塚遺跡庭園	3777-4060(品川区立品川歴史館) 品川区大井6-21-6 交通JR／大森駅→5分	9時〜17時(7月・8月は〜18時、11月〜2月は〜16時)	無料 大森貝塚を発見したモース博士の銅像などがある。	- 4B2
大宅壮一文庫	3303-2000 世田谷区八幡山3-10-20 交通京王線／八幡山駅→8分	11時〜18時 【休み】日祝	500円 旧雑草文庫。大宅壮一が古本屋、古書市で収集した雑誌、雑本。	- 4C1
岡本太郎記念館	3406-0801 港区南青山6-1-19 交通銀座線・千代田線・半蔵門線／表参道駅→8分	10時〜18時 【休み】火曜(祝日の場合開館)、保守点検日 【所要時間】30分	中学生以上650・小学生300円	57 9B2
お札と切手の博物館	5390-5194 東京都北区王子1-6-1 交通南北線／王子駅→5分、JR／王子駅→5分、荒川線／王子駅前→5分	9時半〜17時 【休み】月曜(祝日の場合翌日) 【所要時間】60分	無料	58 5D2
O(オー)美術館	3495-4040 品川区大崎1-6-2大崎ニューシティ・2号館2F 交通JR・りんかい線／大崎駅→1分	10時〜18時半(入館は〜18時) 【休み】木曜、展示替期間	内容により異なる	- 4B2
表参道ヒルズ	3497-0310 渋谷区神宮前4-12-10 交通銀座線・半蔵門線・千代田線／表参道駅→2分、千代田線・副都心線／明治神宮前駅→3分	店舗により異なる 【休み】無休	店舗	54 9B2
外務省外交史料館別館展示室	3585-4514 港区麻布台1-5-3 交通日比谷線・大江戸線／六本木駅→10分、南北線／六本木一丁目駅→8分	10時〜17時半 【休み】土日祝、臨時休館日 【所要時間】30分	無料 20名以上の団体見学は要予約	28 10A2

え

お

か

名称	電話(03)	所在地・交通・最寄(→は所要分)	時間・休み(年末年始除く)	料金ほか	参照頁地図
花王株式会社 (花王ミュージアムおよび東京工場)	5630-9004	墨田区文花2-1-3 交通JR／亀戸駅→15分、東武電鉄／小村井駅→8分	①10時②14時 【休み】土日祝、会社の休日 【所要時間】60分	見学については本文参照	69 8B3
科学技術館	3212-8544　3212-8458(団体見学予約受付) 交通東西線／竹橋駅→8分、東西線・半蔵門線・新宿線／九段下駅→8分	9時半～16時50分(入館は～16時) 【休み】水曜(例外あり)　【所要時間】90分	一般950・高中600・小以下500円(4歳以上) 団体(大人)の割引あり	17
葛西水再生センター	3241-0944	江戸川区臨海町1-1-1 交通JR京葉線／葛西臨海公園駅→20分	9時～16時半 【休み】土日祝	見学希望者の1週間前までに申込。工事のため見学中止に。要確認。	- 4C4
がすてな～に ガスの科学館	3534-1111	江東区豊洲6-1-1 交通有楽町線・ゆりかもめ／豊洲駅→6分	10時half～17時 【休み】月曜(祝日の場合翌日)、設備点検日	無料　団体(20名程度以上)は要予約。	86 11A3
葛飾区 郷土と天文の博物館	3838-1101	葛飾区白鳥3-25-1 交通京成電鉄本線／お花茶屋駅→8分	9時～17時(金・土曜は～21時) 【休み】月曜(祝日の場合翌日)、第2・4火曜(祝日の場合は翌日休館) 【所要時間】60分	大人100・中小50円、プラネタリウムは大人350・中小100円　太陽望遠鏡がとらえた「今」の太陽の映像、隕石、プラネタリウム、郷土のフロアなど盛りだくさん。	- 5D4
葛飾区山本亭	3657-8577(山本亭)	葛飾区柴又7-19-32 交通京成／柴又駅→8分、京成押上線・北総線／新柴又駅→12分	9時～17時	100円・中学生以下無料　大正末期から昭和初期に建築された和洋折衷の建物。日本庭園には築山、滝があり、大正浪漫が漂う。	- 5E4
葛飾柴又寅さん記念館	3657-3455	葛飾区柴又6-22-19 交通京成金町線／柴又駅→8分、京成押上線・北総線／新柴又駅→12分	9時～17時 【休み】第3火曜(祝日の場合翌日)及び12月第3火曜～水曜～木曜	山田洋次ミュージアムとの共通券 高校生以上500・中小300・65歳以上400円	93 5E4
貨幣博物館 (日本銀行金融研究所)	3277-3037	中央区日本橋本石町1-3-1 日本銀行分館内 交通半蔵門線・銀座線／三越前駅→2分、JR／東京駅→8分、東西線／日本橋駅→6分	9時半～16時半 【休み】月曜(祝日の場合開館)、臨時休館あり 【所要時間】60分	無料　学校団体向けプログラムあり	21 10B1
紙の博物館	3916-2320	北区王子1-1-3 飛鳥山公園内 交通JR／王子駅→5分、南北線／西ケ原駅→7分、都電荒川線／飛鳥山駅→3分	10時～17時 【休み】月曜(祝日の場合翌日)、祝日直後の平日	大人400・高中200円 北区飛鳥山博物館と渋沢資料館との3館共通券あり。グループ・団体(20名以上)の場合、要予約。	59 7A1
カワサキロボステージ	6457-2800	港区台場2-3-1 トレードピアお台場1F 交通ゆりかもめ／お台場海浜公園駅(5分)、りんかい線／東京テレポート駅(5分)	13時～18時(土日祝は10時～) 【休み】火曜(祝日の場合は開館) 【所要時間】30分	無料 団体見学は要事前申込み	83 710C4
亀戸天神社	3681-0010	江東区亀戸3-6-1 交通JR／亀戸駅→15分、半蔵門線／錦糸町駅→15分	境内参拝自由	菅原道真を祀る社は、広重の錦絵にも登場した「太鼓橋と藤の花」の美しい風景で有名。	- 8B3
寛永寺	3821-4440	台東区上野桜木1-14-11(事務所) 交通JR・銀座線・日比谷線／上野駅→10分(根本中堂)、JR／鶯谷駅→7分(根本中堂)	9時～17時(根本中堂) 行事により閉堂の場合がある 【所要時間】60分	境内自由	38 7C2
神田明神 (神田神社)	3254-0753	千代田区外神田2-16-2 交通JR・丸／内線／御茶ノ水駅→5分、千代田線／新御茶ノ水駅→5分、銀座線／末広町駅→5分、JR・日比谷線・つくばエクスプレス／秋葉原駅→7分	参拝自由　資料館は9時～16時 【休み】無休	無料 神田明神資料館は大人300・学生200円	41 7B4
気象科学館	3212-8341	港区虎ノ門3-6-9気象庁2階 交通銀座線／虎ノ門駅→5分、日比谷線／神谷町駅→5分、虎ノ門ヒルズ駅→4分	9時～20時 【休み】毎月第2月曜 【所要時間】60分	無料	27 10A2
北区防災センター (地震の科学館)	3940-1811	北区西ケ原2-1-6 交通南北線／西ケ原駅→5分、JR／上中里駅→5分	9時～17時(日曜は16時まで) 【休み】月曜(祝日の場合翌日)・祝日(土曜の場合開館) 【所要時間】60分	無料	58 7A1
北里柴三郎記念室	5791-6103	港区白金5-9-1 交通日比谷線／広尾駅→10分、南北線・三田線／白金高輪駅→10分	10時～17時 【休み】土日祝、夏期、4/20、11/5 【所要時間】30分	無料 破傷風菌の純粋培養法の確立(1889)や血清療法の発見(1890)など、近代日本医学の礎を築いた北里柴三郎の関連資料や恩師、恩人、関係者などの資料を紹介する。	- 9C3
北の丸公園	3213-0095(環境省皇居外苑管理事務所)	千代田区北の丸公園1-1　東西線・半蔵門線・新宿線／九段下駅→3分、東西線／竹橋駅→5分	出入自由		17 7A4
キッザニア東京	0570-06-4646	江東区豊洲2-4-9 アーバンドック ららぽーと豊洲 交通有楽町線・ゆりかもめ／豊洲駅→8分	〔1部〕9時～15時、〔2部〕16時～21時の完全入れ替え制 【休み】不定休	平日第一部で大人2400・中小4500・3才以上4000円	87 11A2
切手の博物館	5951-3331	豊島区目白1-4-23 交通JR山手線／目白駅→3分、副都心線／高田馬場駅→7分	10時半～17時 【休み】月曜(祝日の場合も)、他	大人200・中小100円 毎月23日(ふみの日)は入館無料	48 6B3
キデイランド原宿店	3409-3431	渋谷区神宮前6-1-9 交通千代田線／明治神宮前駅→5分、JR／原宿駅→10分	11時～20時 【休み】不定休	店舗　おもちゃのデパート。地下1階から5階までキャラクターグッズや輸入商品、季節ものグッズなど。	53 9B2
ギャラリーTOM	3467-8102	渋谷区松涛2-11-1 交通京王井の頭線／神泉駅→7分、JR・銀座線・半蔵門線・東急(東横線・田園都市線)／渋谷駅→15分	12時～18時 【休み】月曜(祝日の場合も)　展示替期間等	展覧会により異なる。 盲人(視覚障害者)が彫刻に触って鑑賞できる美術館	- 9A2
旧岩崎邸庭園	3823-8340	台東区池之端1-3-45 交通千代田線／湯島駅→3分、銀座線／上野広小路駅→10分、大江戸線／上野御徒町駅→10分	9時～17時 【休み】無休 【所要時間】60分	中学生以上400・小学生以下無料・65歳以上200円※都内在住在学の中学生は無料	39 7B3
旧芝離宮恩賜庭園	3434-4029	港区海岸1-4-1 交通JR・東京モノレール／浜松町駅→1分、ゆりかもめ／竹芝駅→8分、浅草線・大江戸線／大門駅→5分	9時～17時 【休み】無休 【所要時間】60分	中学生以上150・小学生以下無料　※65歳以上70円、都内在住在学の中学生は無料	35 10B2
旧新橋停車場 鉄道歴史展示室	3572-1872	港区東新橋1-5-3 交通JR／新橋駅→5分	10時～17時 【休み】月曜(祝日の場合翌日)、他【所要時間】30分	無料 旧新橋停車場駅舎の再現に合わせて開設。鉄道発祥地である汐留の歴史と鉄道の発展と影響を見られる。	- 10B2
旧古河庭園	3910-0394(サービスセンター)	北区西ケ原1-27-39 交通JR／上中里駅→7分・駒込駅→12分、南北線／西ケ原駅→7分、都電荒川線／飛鳥山駅→18分	9時～17時 【休み】無休 【所要時間】60分	中学生以上150・小学生以下無料・65歳以上70円※都内在住在学の中学生は無料	59 7A1

※入館時間は記載時とは異なる場合があります。駅からの所要分や物件での所要時間は目安です。
※なお、記載内容は2023年3月現在のものです。新型コロナウィルス等の影響に伴い、臨時休業や人数制限、団体受付停止、事前予約導入、時間短縮などを行っている場合がございます。必ず事前に見学状況の確認を行って下さい。

名称	電話(03) 所在地・交通・最寄(→は所要分)	時間・休み(年末年始除く)	料金ほか	参照頁 地図	
旧前田侯爵邸洋館	3466-5150　目黒区駒場4-3-55(駒場公園内)　交通京王井の頭線／駒場東大前駅→12分	9時〜16時 【休み】平日の月・火曜	無料 前田伯爵の邸宅を転用。地上3階地下1階、化粧レンガやタイル張りのほどこされた豪華建物。	4C2	き
QFRONT	3486-4911　渋谷区宇田川町21-6　交通JR・銀座線・半蔵門線・東急(東横線・田園都市線)／渋谷駅→1分	10時〜翌2時(店舗により異なる) 【休み】無休	店舗	55 9B2	
旧安田庭園	5608-6951(墨田区観光協会)　墨田区横網1-12-1　交通JR・大江戸線／両国駅→7分	9時〜19時半(10〜3月は〜18時) 【休み】無休	無料 小さい規模だが、隅田川に望む景勝の地にあって、名園である。潮入回遊式庭園。	8A4	
清澄庭園	3641-5892　江東区清澄3-3-9　交通半蔵門線・大江戸線／清澄白河駅→3分	9時〜17時 【休み】無休	中学生以上150・小学生以下無料・65歳以上70円※都内在住在学の中学生は無料	75 11A1	
吉良邸跡 (きら)	5608-6951(墨田区観光協会)　墨田区両国3-13-9本所松坂町公園　交通JR・大江戸線／両国駅→7分	入園自由	吉良上野介義央の邸宅跡。本所松坂町公園として開放され、吉良首洗いの井戸や稲荷神社がある。	8A4	
くすりミュージアム	6225-1133　中央区日本橋本町3-5-1　交通銀座線・半蔵門線／三越前駅→2分、JR／新日本橋駅→1分	10時〜18時(入館は30分前まで) 【休み】月曜(祝日の場合翌日) 【要時間】60〜90分	無料　10名以上のグループ見学は要予約。	25 7C4	く
九品仏浄真寺 (くほんぶつ)	3701-2029　世田谷区奥沢7-41-3　交通東急大井町線／九品仏駅→3分	開門時間6時〜17時	本堂向かいの3つのお堂に阿弥陀如来像が三体ずつ安置。合わせて九体ある事から、呼ばれている。	4B1	
豊島区立 熊谷守一美術館	3957-3779　豊島区千早2-27-6　交通要町駅／要町駅→8分	10時半〜17時半 【休み】月曜	大人500・高300、中小学生100円※企画展は特別料金　昭和60年(1985)開館。油絵作家・熊谷守一作品を30点ほど、他に墨絵や書を展示している。	- 6A2	
警察博物館 (ポリスミュージアム)	3581-4321　中央区京橋3-5-1　交通銀座線／京橋駅→2分、有楽町線／銀座一丁目駅→4分、浅草線／宝町駅→5分	9時〜16時　【休み】月曜	無料	23 10B1	け
警視庁交通管制センター	5402-1386　港区新橋6-18-8　警視庁新橋庁舎2F　交通三田線／御成門駅→2分、JR／新橋駅→15分	9時〜16時 【休み】土日祝	無料要予約。①9時半②11時③13時半④15時の1日4回	28 10A2	
警視庁 (本部見学)	3581-4321(受付電話)　千代田区霞が関2-1-1　交通有楽町線／桜田門駅→1分、丸ノ内線・日比谷線・千代田線／霞ケ関駅→2分	9時〜、10時45分〜、13時〜、14時45分〜の1日4回 【休み】土日祝　【所要時間】75分	無料　要予約。6ヶ月前から受付小学校3年生以上が対象	20 10A1	
迎賓館赤坂離宮	3478-1111　港区元赤坂2-1-1　交通JR・丸ノ内線・南北線／四ツ谷駅→7分	10時〜17時(入場は〜16時) 【休み】水曜、接遇等による非公開日あり	見学の詳細については本文又はHPを要確認	62 9C1	
衆議院事務局 憲政記念館	3581-1651　千代田区永田町1-8-1　交通有楽町線・半蔵門線・南北線／永田町駅→5分、丸ノ内線・千代田線／国会議事堂前駅→7分	9時半〜17時　【休み】毎月末日 【所要時間】45分※建て替え工事のため代替施設での開館	無料	19 10A1	
小石川後楽園	3811-3015　文京区後楽1-6-6　交通JR・大江戸線・東西線・有楽町線・南北線／飯田橋駅→8分、丸ノ内線・南北線／後楽園駅→8分、三田線／春日駅→7分	9時〜17時(入園は〜16時半) 【所要時間】50分	中学生以上300・小学生以下無料・65歳以上150円 ※都内在住在学の中学生は無料	45 7A3	こ
小石川植物園	3814-0138　文京区白山3-7-1　交通三田線／白山駅→10分、丸ノ内線／茗荷谷駅→15分	9時〜16時半　【休み】月曜(祝日の場合翌日) 【所要時間】60分	高校生以上500・中小(6歳以上)150円 5/4みどりの日は無料	- 7A2	
小岩菖蒲園	5662-0321　江戸川区北小岩4丁目先(江戸川河川敷内)　交通京成本線／江戸川駅→5分	フリー(河川敷のため) 【休み】無休	無料　初夏には、5万本の花菖蒲が色あざやかに咲き、春はパンジーと菜の花、秋はコスモスと四季折々の花がある。	- 5D4	
高岩寺 (とげぬき地蔵)	3917-8221　豊島区巣鴨3-35-2　交通三田線・JR／巣鴨駅→4分、都電荒川線／庚申塚駅→9分	【開門時間】6時〜17時 【休み】無休	参拝無料 毎月4・14・24日が縁日。商店街は特別サービス、参詣路には多くの露店が並ぶ、別称「おばあちゃんの原宿」。	6C1	
皇居 (一般参観)	5223-8071(宮内庁管理部管理課参観係)　千代田区千代田1-1　交通(桔梗門)JR・丸ノ内線／東京駅→10分、千代田線／二重橋前駅→5分	参観については宮内庁HP参照 【所要時間】約75分	無料	16 10A1	
皇居外苑	3231-5509(国民公園協会)　千代田区皇居外苑　交通千代田線／二重橋前駅→2分、日比谷線／日比谷→2分	自由散策	黒松の点在する大芝生広場と江戸城のたたずまいを残す濠、城門などの歴史的建造物とが調和した公園。	16 10B1	
皇居東御苑	千代田区千代田1-1　交通(大手門)丸ノ内線・東西線・千代田線・半蔵門線／大手町駅→5分、(北桔橋門)東西線／竹橋駅→5分、半蔵門線・新宿線／九段下駅→14分、(平川門)東西線／竹橋駅→3分	3/1〜4/14・9/1〜末は9時〜17時。4/15〜8/末は〜18時、10/1〜末は〜17時、11/1〜2/末は〜16時。(入園は30分前まで) 【休み】月曜(休日で公開する場合、翌日)・金曜・天皇誕生日	無料	16 7B4	
講談社野間記念館	3945-0947　文京区関口2-11-30　交通有楽町線／江戸川橋駅→10分		休館中	- 6C3	
講道館 (柔道資料館・柔道図書館)	3818-4562　文京区春日1-16-30　交通三田線・大江戸線／春日駅→1分、丸ノ内線・南北線／後楽園駅→3分、JR／水道橋駅→12分	10時〜17時 【休み】土日祝・夏季休暇 【所要時間】30分	入館無料 平日の16時〜20時、柔道稽古の様子を見学できる	44 7A3	
高麗博物館	5272-3510　新宿区大久保　1-12-1　第二韓国広場ビル7F　交通大江戸線・副都心線／東新宿駅→5分、JR／新大久保駅→7分	12時〜17時 【休み】月・火曜(臨時休館あり)	一般400・中高生200円	- 6B4	
古賀政男音楽博物館	3460-9051　渋谷区上原3-6-12　交通小田急小田原線・千代田線／代々木上原駅→3分	10時〜17時(入館は〜16時半) 【休み】月曜(祝日の場合翌日)、展示替期間	一般550・大高440・中小220円　昭和の日本歌謡史を彩った古賀政男の数々の資料を様々な形で展示。	4C2	
国学院大学博物館	5466-0359　渋谷区東4-10-28　交通各線／渋谷駅→13分	10時〜18時(入館は〜17時半) 【休み】不定期(館内保守及び大学の定める休日)	常設展示は考古・神道・校史ゾーンに分かれており、日本の文化・歴史について蓄積された資料を公開している。	9B2	
国際子ども図書館	3827-2053　台東区上野公園12-49　交通JR／上野駅→10分、銀座線・日比谷線／上野駅→15分	9時半〜17時 【休み】月祝・第三水曜	無料　約1万冊の児童書を備えた「子どものへや」などがある専門図書館。火〜木曜日は中高生向けに通常非公開の地下書庫を巡る見学を行っている。	- 7C2	

	名称	電話(03) 所在地・交通・最寄(→は所要分)	時間・休み(年末年始除く)	料金ほか	参照頁地図
こ	国連広報センター (UNIC)	5467-1359(国連大学ライブラリー) 渋谷区神宮前5-53-70 国連大学本部ビル8F 交銀座線・千代田線・半蔵門線／表参道駅→5分、各線／渋谷駅→12分	2Fの図書室は10時～13時、14時～17時半 【休み】水土日祝、国連の休日、他	無料 ※コロナウイルス感染症2019のため、臨時休館中。要確認	57 9B2
	国立映画アーカイブ	中央区京橋3-7-6 交銀座線／京橋駅→1分、浅草線／宝町駅→1分	展示室(7F)11時～18時半(入室は30分前まで) 【所要時間】60分	一般520・大高310・中小100円(所蔵作品上映) 一般250・大130円、高校生以下無料(展示室)	23 10B1
	国立科学博物館 上野本館	5050-5541-8600(NTTハローダイヤル) 台東区上野公園7-20 交JR／上野駅→5分、銀座線・日比谷線／上野駅→10分、京成／京成上野駅→10分	9時～17時(毎週金土→20時) 【休み】月(祝日の場合は火曜)、他 【所要時間】90分	常設展:一般630・高中小無料。特別展は展示により異なる。(5/18・11/3は常設展示無料)	37 7C3
	国立科学博物館 附属自然教育園	3441-7176 港区白金台5-21-5 交南北線・三田線／白金台駅→7分、JR・東急目黒線／目黒駅→9分	9時～16時半(5～8月は→17時) ※入園は→30分前 【休み】月曜日及び祝日の翌日。ただし、土・日は開園。月曜が祝日の場合翌日 【所要時間】60分	一般320、高中小無料	65 9C3
	国立国会図書館 東京本館	3581-2331 千代田区永田町1-10-1 交有楽町線・半蔵門線・南北線／永田町駅→8分、丸ノ内線・千代田線／国会議事堂前駅→12分	9時半～19時(土曜日→17時) 【休み】日・祝・第3水曜	無料(満18歳以上の人のみ入館可能) わが国第一の図書館。国内すべての刊行物を所蔵。高校生・中学生向けに施設や機能を紹介する見学あり。要予約	- 10A1
	国立新美術館	050-5541-8600(ハローダイヤル) 港区六本木7-22-2 交千代田線／乃木坂駅(直結)、日比谷線・大江戸線／六本木駅→4分	自主企画展・共催展 10時～18時(会期中の金土は→20時) 【休み】火曜(祝日の場合翌日)	展覧会により異なる	31 9C2
	国立西洋美術館	050-5541-8600(ハローダイヤル) 台東区上野公園7-7 交JR・銀座線・日比谷線／上野駅→8分、大江戸線／上野御徒町駅→11分、千代田線／湯島駅→13分	9時半～17時半(金・土曜日は→20時) 【休み】月曜(祝日の場合翌日)、その他臨時休館	一般500・大250・高校生以下無料(企画展は別料金)	38 7C3
	古代オリエント博物館	3989-3491 豊島区東池袋3-1-4サンシャインシティ文化会館7F 交有楽町線／東池袋駅→6分、JR・丸ノ内線／池袋駅→15分	10時～16時半(入館は→16時) 【休み】展示替期間、その他 【所要時間】60分	一般600・大高500・中小200円(館蔵品展) 土日は高中小無料(館蔵品展)	46 6C2
	国会議事堂 (参議院)	5521-7445 千代田区永田町1-7-1 交有楽町線・半蔵門線・南北線／永田町駅→3分、丸ノ内線・千代田線／国会議事堂前駅→6分	9時～16時の1時間毎 【休み】土日祝 【所要時間】60分	P.19参照	19 10A1
	五島美術館 (ごとう)	050-5541-8600(ハローダイヤル) 世田谷区上野毛3-9-25 交大井町線／上野毛駅→5分	10時～17時(入館は→16時半) 【休み】月(祝日の場合翌日)、展示替期間、夏期整備期間	一般1000・大高700円・中以下無料(特別展は別料金) 日本・東洋の古美術が中心で国宝「源氏物語」(春一週間公開)、「紫式部日記」(秋一週間公開)の両絵巻が有名。	- 4B1
	コニカミノルタプラネタリウム"天空"	5610-3043 墨田区押上1-1-2 東京スカイツリータウン・イーストヤード7F 交東京スカイツリーライン／とうきょうスカイツリー駅、半蔵門線・成田スカイアクセス京成線・浅草線／押上(スカイツリー前)駅	平日10時半～22時(上映は21時) 【休み】無休 【所要時間】40分～50分	中学生以上1500・4歳以上900円 ヒーリングプラネタリウムは小学生以上限定1700円	71 8B3
	コンピュータエンターテインメント協会 学生向け体験学習講座	6302-0231 新宿区西新宿2-7-1 小田急第一生命ビル18階 交大江戸線／都庁前駅→2分	9時～17時 【休み】土日祝 【所要時間】120分	※小中高等学校等に在学中の学生のみ対象(3名以上から) 無料 要予約	50 6A4
さ	最高裁判所 学校団体見学コース	3264-8151(広報課) 千代田区隼町4-2 交半蔵門線・有楽町線・南北線／永田町駅→5分、丸ノ内線・千代田線／国会議事堂前駅→15分	学校団体見学コース①9時半②13時15分③14時45分 【見学実施日】火曜と木曜日(祝日の場合を除く) 【所要時間】40分	※中学校、高校、大学、専門学校等が対象 無料 見学希望日の3ヶ月前から要予約。	21 10A1
	サンシャイン60展望台 てんぼうぱーく	3989-3457 豊島区東池袋3-1 サンシャイン60ビル60F 交有楽町線／東池袋駅→3分、JR・丸ノ内線／池袋駅→8分、都電荒川線／東池袋四丁目駅→4分	11時～21時(入場は1時間前) 【休み】無休 【所要時間】45分	高校生以上700・中小500円(土日祝は高校生以上900・中小600円)	46 6C2
	サンシャイン水族館	3989-3466 豊島区東池袋3-1 サンシャインシティワールド・インポート・マートビル屋上 交有楽町線／東池袋駅→3分、JR・丸ノ内線／池袋駅→10分、都電荒川線／東池袋四丁目駅→6分	10時～(おおむね10月～3月は→18時) 【休み】無休 【所要時間】90分	高校生以上2600～2800・中小学生1300～1400円(時期により異なる) 学校団体は割引。高校生2100・中小1050円	47 6C2
	サンシャインシティ	3989-3331 豊島区東池袋3-1			46 6C2
	サントリー美術館	3479-8600 港区赤坂9-7-4 東京ミッドタウン ガレリア3階 交大江戸線・日比谷線／六本木駅→2分、千代田線／乃木坂駅→3分	10時～18時(金・土は→20時) 【休み】火曜(祝日の場合翌日)、展示替期間中 【所要時間】90分	中学生以下無料。高校生以上の料金は展覧会により異なる。	31 9C2
	山王草堂記念館	3778-1039 大田区山王1-41-21 交JR／大森駅→15分	9時～16時半(入館は30分前まで) 【休み】月(祝日の場合翌日) 【所要時間】90分	無料 日本初の総合雑誌を発刊したジャーナリスト徳富蘇峰が住み、「近世日本国民史」が執筆された場所。	96 4B2
	三の丸尚蔵館	5208-1063(テレホンサービス) 千代田区千代田1-1 皇居東御苑内 交(大手門)丸ノ内線・東西線・千代田線・半蔵門線・三田線／大手町駅→5分、(北桔橋門)東西線／竹橋駅→15分、半蔵門線・新宿線／九段下駅→14分、(平川門)東西線／竹橋駅→10分	新施設へ移行のため休館中(令和5年秋に開館する予定)	無料	16 7B4
し	JPタワー 「KITTE」	3216-2811(10時～19時) 千代田区丸の内2-7-2 交JR／東京駅→1分、丸ノ内線／東京駅→直結、千代田線／二重橋前駅→2分	物販11時～21時、飲食11時～23時、キッテ グランシェ11時～21時(日祝は1時間前閉店) ※一部店舗により異なる 【休み】1月1日及び法定点検日	店舗	- 10B1
	下町風俗資料館付設展示場 (旧吉田屋酒店)	3823-4408 台東区上野桜木2-10-6 交千代田線／根津駅→10分	9時半～16時半 【休み】月(祝日の場合翌日)	無料	40 7B2
	次大夫堀公園民家園 (じだゆうぼり)	3417-8492 世田谷区喜多見5-27-14 交小田急／成城学園前駅→15分	9時半～16時半(祝日の場合翌日) 【休み】月(祝日の場合翌日) 【所要時間】15分	江戸時代後期から明治にかけての農村風景を再現	- 4B1

※入館時間は記載時間とは異なる場合があります。駅からの所要分や物件での所要時間は目安です。
※なお、記載内容は2023年3月現在のものです。新型コロナウィルス等の影響に伴い、臨時休業や人数制限、団体受付停止、事前予約導入、時間短縮などを行っている場合がございます。必ず事前に見学状況の確認を行って下さい。

名称	電話(03) 所在地・交通・最寄(→は所要分)	時間・休み (年末年始除く)	料金ほか	参照頁地図
自動車図書館	5405-6139　港区芝大門1-1-30　日本自動車会館1F 交通三田線／御成門駅→3分、浅草線・大江戸線／大門駅→4分	10時～16時	無料　自動車に関する国内外の図書や文献、自動車雑誌や過去10年分のカタログ合本集などを取り揃える。 ※休館中。要確認。	- 10A2
しながわ水族館	3762-3433　品川区勝島3-2-1(しながわ区民公園内) 交通京浜急行本線／大森海岸駅→8分、JR／大森駅→15分	10時～17時(入館は30分前まで、延長の場合もある) 【休み】火曜(GW、春・夏・冬休みは営業)　【所要時間】90分	一般1350・中小600・4歳以上300円・4歳未満無料	- 4B2
品川区立品川歴史館	3777-4060　品川区大井6-11-1 交通JR／大森駅→10分		令和6年春頃まで休館予定	95 1D2
篠崎ポニーランド	3678-7520　江戸川区篠崎町3-12-17　江戸川河川敷内 交通新宿線／篠崎駅→15分	ポニー乗馬は10時～11時半、13時半～15時　【休み】月曜(祝日の場合は翌日)	無料　手綱をひいた馬に乗せてもらえる(小学生まで)	- 4C4
柴又帝釈天(題経寺)	3657-2886　葛飾区柴又7-10-3 交通京成金町線／柴又駅→3分、京成押上線・北総線／新柴又駅→12分	【開門時間】9時～18時 【所要時間】60分	境内参拝自由。庭園・彫刻ギャラリー共通(9時～15時半)は、高校生以上400・中小200円	93 5E4
しばられ地蔵(南蔵院)	3607-1758　葛飾区東水元2-28-25 交通JR／金町駅→15分	【開門時間】9時～16時	境内参拝自由　「しばられ地蔵」は、盗難除けや、足止め、厄除け、縁結びまでの願掛け地蔵尊。願う時は縛り、叶えば解縄する。	- 5E4
渋沢史料館	3910-0005　北区西ケ原2-16-1 交通JR・南北線／王子駅→5分、南北線／西ケ原駅→7分、都電荒川線／飛鳥山駅→4分	10時～16時(入館は30分前まで)　【休み】月曜(祝日の場合は翌日、祝日の後の平日、他 【所要時間】60分	一般300・高中小100円 紙の博物館と北区飛鳥山博物館との3館共通券あり ※2023年5月より班別グループでの見学不可。要確認。	59 7A1
SHIBUYA109・MAGNET-bySHIBUYA109	3477-5111(代)　渋谷区道玄坂2-29-1 交通JR・銀座線・半蔵門線・東急(東横線・田園都市線)／渋谷駅→1分(109)　3477-8111(代)　渋谷区神南1-23-10(109MEN'S)	10時～21時(109) 10時～21時(109MEN'S)	店舗	55 9A2・B2
渋谷スクランブルスクエア(渋谷スカイ)	4221-0229　渋谷区渋谷2-24-12 交通東急(田園都市・東横)線・JR線・副都心線・銀座線・東急(井の頭線)／渋谷駅→直結	9時～23時(最終入場は～22時) 【休み】不定休　【所要時間】60分	大人2000・高中1600・小1000・3才以上600円(当日窓口チケット)	56 9B2
渋谷ヒカリエ	5468-5892　渋谷区渋谷2-21-1 交通東急(田園都市・東横)線・副都心線・JR線・銀座線・京王井の頭線／渋谷(直結)	10時～21時 【休み】無休	店舗	56 7A1
シーフォートスクエア	東京都品川区東品川2-3-10 交通りんかい線／天王洲アイル駅→1分、東京モノレール／天王洲アイル駅→1分		店舗	- 10A4
JICA地球ひろば	3269-2911　新宿区市谷本村町10-5 交通JR／市ケ谷駅→10分、有楽町線・南北線／新宿線・市ケ谷駅→10分	9時～21時半(交流ゾーン)10時～18時(体験ゾーン)【休み】第1・3月曜日(体験ゾーンのみ)他 【所要時間】60分～	無料　団体向けモデルコースは ①体験ゾーン見学 ②JICA海外協力隊体験談 ③ワークショップがある。団体の場合は要予約。	45 6C4
JICA東京センター	3485-7051　渋谷区西原2-49-5 交通京王新線／幡ヶ谷駅→8分、小田急線・千代田線／代々木上原駅→12分		JICAが全国に設置している11ヶ所のセンターの中で最大のセンター。	- 4C2
JAL工場見学～スカイミュージアム～	5460-3755　大田区羽田空港3-5-1　JALメインテナンスセンター1 交通東京モノレール／新整備場駅→2分	①9時半、②10時45分、③14時45分　【休み】水金他	無料　詳細は本文参照	97 4A3
集英社中学生向け会社見学	3230-6314(広報部)千代田区神田神保町3-13神保町3丁目ビル 交通新宿線・三田線・半蔵門線／神保町駅→1分、JR／御茶ノ水駅→12分、水道橋駅→7分	①10時半～②13時半～の1日2回【休み】土日祝、8/8、毎週月曜午前、連休翌日午前 【所要時間】75分	無料。要予約(学校の教諭・職員・生徒のみ)希望日の3ヶ月前から受付広報部スタッフによる出版物の紹介・業務内容紹介DVD視聴・質疑応答	7B4
春花園BONSAI美術館	3670-8622　江戸川区新堀1-29-16 交通新宿線／瑞江駅より京成バス乗車～京葉口下車	10時～17時 【休み】月曜(祝日の場合は開館) 【所要時間】60分	一般1000円(お茶付き)2000坪の広大な敷地に、1,000以上の盆栽名品が並び間近で見ることのできる。	4C4
東京将棋会館	3408-6167　渋谷区千駄ヶ谷2-39-9 交通JR／千駄ケ谷駅→10分、大江戸線／国立競技場駅→10分		※見学中止中。要確認。	62 9B1
しょうけい館(戦傷病者史料館)	3234-7821　千代田区九段南1-5-13　ツカキスクエア九段下 交通半蔵門線・東西線・新宿線／九段下駅→1分	10時～17時半(入館は30分前まで)　【休み】月曜(祝日の場合は翌日)【所要時間】60分	無料　団体の場合は要連絡	22 7A4
渋谷区立松濤美術館	3465-9421　渋谷区松濤2-14-14 交通京王井の頭線／神泉駅→5分、JR・銀座線・半蔵門線・東急(東横線・田園都市線)／渋谷→15分	9時～17時(公募展開催中)【休み】月曜(祝日除く)、祝日の翌日(土・日を除く)、展示替期間 【所要時間】60分	展覧会により異なる　毎週土・日・祝・休日・夏休み期間は小中生無料	57 9A2
乗蓮寺(東京大仏)	板橋区赤塚5-28 交通東武東上線／下赤塚駅→25分、三田線／西高島平駅→20分	境内自由	大仏は昭和52(1977)年に建立。総丈約13m、奈良と鎌倉の大仏に次ぐ像高は8.2mの青銅(ブロンズ)製で重さが22t。	- 5E1
昭和館	3222-2577　千代田区九段南1-6-1 交通東西線・新宿線・半蔵門線／九段下駅→1分、JR／飯田橋駅→5分	10時～17時半(入館は30分前まで)　【休み】月曜(祝日の場合は翌日)【所要時間】90分	大人300・高大150円・中小無料、65歳以上270円	20 7A4
昭和のくらし博物館	3750-1808　大田区南久ケ原2-26-19 交通東急池上線／久が原駅→8分、東急多摩川線／下丸子駅→8分	10時～17時 【休み】月曜～木曜、9月上旬 【所要時間】90分	大人500・高校生以下300円	99 4A2
新宿アルタ(スタジオアルタ)	3350-5500　新宿区新宿3-24-3 交通各線／新宿駅		店舗　ファッションビル・新宿アルタの7Fが、2014年に終了した「笑っていいとも!」の生放送で有名なスタジオアルタ。	6B4
新宿御苑	3341-1461　新宿区内藤町11 交通丸ノ内線／新宿御苑前駅(新宿門)→5分、大江戸線／国立競技場駅→5分(千駄ケ谷門)、新宿線／新宿三丁目駅→5分(新宿門)、JR／千駄ケ谷門)→5分	9時～18時(10/1～3/14は～16時半・7/1～8/20は～19時)※入園は30分前まで 【休み】月曜(祝日の場合は翌日)【所要時間】90分	大人・高校生以上250円・中学生以下無料	51 9B1
新宿区立林芙美子記念館(はやしふみこ)	5996-9207　新宿区中井2-20-1 交通大江戸線・西武新宿線／中井駅→7分	10時～16時半 【休み】月曜(祝日の場合は翌日)	一般150、小・中50円　『放浪記』『浮雲』などの代表作で知られる芙美子が、晩年に住んでいた家。 小中学生は土日祝無料	- 6A3
新宿歴史博物館	3359-2131　新宿区四谷三栄町12-16 交通JR・丸ノ内線・南北線／四ツ谷駅→10分、丸ノ内線／四谷三丁目駅→8分、新宿線／曙橋駅→8分	9時～17時半 【休み】第2・4月曜(祝日の場合は翌日)	常設展/高校生以上300、中・小100円　旧石器時代から江戸時代までの新宿の遺物、くらし等と、新宿に住んだ数多くの近代文学者たちの作品。 小中学生は土日祝無料	- 6C4

名称	電話(03)	所在地・交通・最寄(→は所要分)	時間・休み(年末年始除く)	料金ほか	参照頁地図
信託博物館 (三菱UFJ信託銀行)	6214-6501	千代田区丸の内1-4-6日本工業倶楽部会館1階 交通JR/東京駅→3分、丸ノ内線/東京駅→1分、三田線・千代田線・東西線・半蔵門線/大手町駅→2分	10時〜18時(入館は30分前まで) 【休み】土日祝、銀行休業日 【所要時間】30分	無料	18 10B1
新丸ビル (新丸の内ビルディング)	5218-5100	千代田区丸の内1-5-1 交通JR・丸ノ内線/東京駅(地下で直結)	ショップ平日・土曜11時〜21時 (日〜20時) (7F〜)平日・土曜11時〜23時(日〜22時)		10B1
水天宮 (弁財天)		中央区日本橋蛎殻町2-4-1 交通日比谷線・浅草線/人形町駅→6〜8分・半蔵門線/水天宮前駅→1分	【開門時間】7時〜18時(祈祷受付は8時〜15時半) 【休み】年中無休	境内参拝自由	25 10C1
ZUKAN MUSEUM GINZA powered by 小学館の図鑑NEO (ズカンミュージアムギンザ)		東京都中央区銀座5丁目2−1 東急プラザ銀座6F 交通銀座線・丸ノ内線・日比谷線/銀座駅→1分	10時〜19時(土日祝は10時〜) 【休み】東急プラザ銀座の休館日に準ずる(※1/1と年0回の不定期休) 【所要時間】60分	18才以上2000・高中1200・小1000・3才以上800円 (土日祝・GMなど繁忙期は18才以上2500・高中1700・小1200・3才以上900円)	24 10B1
杉野学園衣裳博物館	6910-4413	品川区上大崎4-6-19 交通JR・東急線・南北線・三田線/目黒駅→7分	10時〜16時 【休み】日祝・大学の休業日	大人300、高250、中小200円	64 9B4
杉並アニメーションミュージアム (杉並会館3F)	3396-1510	杉並区上荻3-29-5 杉並会館3F 交通丸ノ内線・JR/荻窪駅→20分	10時〜18時(入館は30分前まで) 【休み】月曜(祝日の場合翌日) 【所要時間】60分	無料	92 5D1
素盞雄神社 (すさのお)	3891-8281	荒川区南千住6-60-1 交通JR・日比谷線/南千住駅→8分・京成線/千住大橋駅→8分、都電荒川線/三ノ輪橋駅→10分	【開門時間】6時〜17時	境内参拝自由 祭神が降臨した奇岩といわれる「瑞光石」がある。6月3日の有名な天王祭は夏に流行する疫病を振り祓う祭礼。	- 8A1
浅草公会堂 (スターの広場)	3844-7491	台東区浅草1-38-6 交通浅草線・銀座線・東武線/浅草駅・東武スカイツリーライン・つくばエクスプレス/浅草駅→7分	見物自由		67 8A3
鈴ヶ森刑場跡 (大経寺)	3762-7267	品川区南大井2-5-6 交通京浜急行本線/大森海岸駅→10分		慶安4年(1651)に幕府が設けた刑場の跡。その処刑に使われた台石や首洗いの井戸が現存している。	- 4B2
墨田区立 すみだ郷土文化資料館	5619-7034	墨田区向島2-3-5 交通東武スカイツリーライン/とうきょうスカイツリー駅→7分	9時〜17時 【休み】月曜・第4火曜(祝日の場合は翌日)	高校生以上100円・中学生以下無料 墨田区のあゆみ、すみだ郷土文化資料、風光、農業のにぎわい、近代と隅田川、粋の世界を展示。	- 8A4
墨田住宅センター 建築道具・木組資料館	5608-6951(墨田区観光協会) 交通新宿線/森下駅→4分	墨田区菊川1-5-3 株式会社森森下工務店2階	10時〜16時 【休み】土曜・第4日曜(祝祭日を除く)のみ	無料 明治時代の建築道具、建築模型や図面や、さまざまな材料(木造建築に使われる柱の組み方)の実物を展示。	64 8A4
すみだ水族館	5619-1821	墨田区押上1-1-2 東京スカイツリータウン・ウエストヤード5F・6F 交通東武スカイツリーライン・半蔵門線・成田スカイアクセス京成線・浅草線/押上(スカイツリー前)駅	9時〜21時(平日は10時〜20時) 【所要時間】90分	大人2500・高校生1800・中小学生1200・幼児(3歳以上)800円	71 8B3
すみだ北斎美術館	6658-8936	墨田区亀沢2-7-2 交通大江戸線/両国駅→5分、JR/両国駅→9分	9時半〜17時半 【休み】月曜、臨時休館日、他 【所要時間】45分	常設展は一般400・高校生以上300円・中学生以下無料	74 8A4
相撲写真資料館	3631-2150	墨田区両国3-13-2 交通JR・大江戸線/両国駅→4分	10時〜17時 【開館日】火曜のみ(ただし1〜9月東京場所中は毎日)	無料 歴代の横綱と力士の暮らしと資料が展示。	- 8A4
相撲博物館	3622-0366	墨田区横網1-3-28 国技館1F 交通JR・大江戸線/両国駅→5分	10時〜16時半 【休み】土日(場所中は国技館入館者のみ)、館内整備あり	無料(東京本場所中は大相撲の観覧券が必要)	73 8A4
スモールワールズ	5843-8660(教育・一般団体受付用) 交通ゆりかもめ/有明テニスの森駅→3分、りんかい線/国際展示場駅→9分	江東区有明1丁目3−33 有明物流センター	【時間】11時〜19時(学校・教育団体は9時〜20時) 【休み】無休 【所要時間】60分〜90分	18才以上2700・高中1900・小1500円(15名以上は団体割引あり) ※学校・教育団体向けの特別プログラムあり。HP確認	84 10C3

名称	電話(03)	所在地・交通・最寄(→は所要分)	時間・休み(年末年始除く)	料金ほか	参照頁地図
静嘉堂文庫美術館 (せいかどう)	050-5541-8600(ハローダイヤル)	千代田区丸の内2-1-1 明治生命館1F 交通千代田線/二重橋前駅直結、JR/東京駅→5分	10時〜17時(金曜は〜18時) 【休み】月曜(祝日の場合翌日)、展示切替期間	一般1500・大高1000円・中学生以下無料 国宝7点を含む約20万冊の和漢古典籍と6,500点に及ぶ東洋古美術品を収蔵。年4〜5回ほど企画展を開く。	- 10B1
聖徳記念絵画館 (せいとく)	3401-5179	新宿区霞ケ丘町1-1 交通JR/信濃町駅→5分、大江戸線/国立競技場駅→5分、半蔵門線/青山一丁目駅→10分	10時〜16時半(12/29〜1/3は10時〜16時) 【休み】水曜(祝日の場合翌日)	施設維持協力金500円	60 9C1
世田谷区立郷土資料館 (世田谷代官屋敷内)	3429-4237	世田谷区世田谷1-29-18 交通東急世田谷線/上町駅→5分	9時〜17時 【休み】月曜、祝日(月曜が祝日の場合は翌日も休館)、他	無料 原始・古代から現代にいたるまでの世田谷の歴史を概観できる。ビデオブースでの映像展示や閲覧室もある。 ※2023年7月末まで休館予定	- 4B1
世田谷代官屋敷	3429-4237(郷土資料館)	世田谷区世田谷1-29-18 交通東急世田谷線/上町駅→5分	同上	無料 茅葺・寄棟造の主屋および同じく茅葺・寄棟造表門(長屋門)の国重文という。	- 4B1
世田谷区立 世田谷美術館	3415-6011	世田谷区砧公園1-2 交通東急田園都市線/用賀駅→17分	10時〜18時 【休み】月曜(祝日の時はその翌日)、展示替え期間	ミュージアムコレクション一般200・大高150・中小(及び65歳以上)100円 近現代や、世田谷ゆかりの作品を展示。その他、ダンスや音楽、演劇、映像などの催し物もある。	4B1
世田谷文学館	5374-9111	世田谷区南烏山1-10-10 交通京王線/芦花公園駅→5分	10時〜18時 【休み】月曜(休日の場合翌日)、館内整備	コレクション展一般200・大高150・中小(及び65歳以上)100円 世田谷にゆかりのある文学資料を収集・保存・展示する。映像での紹介や自動人形からくり箱などもある。	4C1
泉屋博古館 分館 (せんおく)		港区六本木1-5-1 交通南北線/六本木一丁目駅→1分	11時〜18時 【休み】月曜(開館期間中)・展示替期間	一般1000・学生600円・中学生以下無料 企画により変更	10A2
泉岳寺 (赤穂義士記念館)	3441-5560	港区高輪2-11-1 交通浅草線/泉岳寺駅→3分	【開門時間】7時〜18時 記念館は9時〜16時半(10月〜3月は〜16時) 【休み】無休 【所要時間】30分	一般500・高中400・10歳以上250円(義士像museumと共通券)	77 10A4
千秋文庫	3261-0075	千代田区九段南2-1-36 交通東西線・半蔵門線・新宿線/九段下駅→7分	10時〜16時 【休み】日・月・祝日、展示替期間	大人450・大高350円・中小無料 旧秋田藩佐竹家伝来の美術品、歴史資料を収蔵・展示。	- 7A4
浅草寺	3842-0181	台東区浅草2-3-1 交通銀座線・浅草線・東武伊勢崎線・つくばエクスプレス/浅草駅→7分	諸堂は6時〜17時(10月〜3月は〜16時半) 【所要時間】30分	境内参拝自由	66 8A3
善養寺 (小岩不動尊)		江戸川区東小岩2-24-2 交通JR/小岩駅→15分		本尊は地蔵菩薩で、不動堂に不動明王が祀られている。枝の長さ約30m、南北28mに及ぶ巨大な松を「影向(ようごう)の松」と呼ばれる。	- 5D4

名称	電話(03)	所在地・交通・最寄(→は所要分)	時間・休み(年末年始除く)	料金ほか	参照頁地図
象牙工芸館	3841-2533	台東区西浅草3-26-3 交通銀座線/浅草駅→10分	10時〜16時(要予約) 【休み】土日祝日	無料 要予約 木彫・象牙彫刻品などアフリカ民芸品、アフリカ象の紹介とワシントン条約を分かりやすくパネル展示。	- 8A3

※入館時間は記載時とは異なる場合があります。駅からの所要分や物件での所要時間は目安です。
※なお、記載内容は2023年3月現在のものです。新型コロナウィルス等の影響に伴い、臨時休業や人数制限、団体受付停止、事前予約制導入、時間短縮などを行っている場合がございます。必ず事前に見学状況の確認を行って下さい。

名称	電話(03) 所在地・交通・最寄(→は所要分)	時間・休み(年末年始除く)	料金ほか	参照頁地図
雑司ヶ谷鬼子母神堂	3982-8347　豊島区雑司ヶ谷3-15-20　交通JR/池袋駅→15分、都電荒川線/鬼子母神前駅	境内自由　参道ケヤキ並木。	境内自由　参道ケヤキ並木。鬼子母尊神が祀られる本殿、妙見堂、金剛不動尊を安置した法不動(のりふどう)堂など。	6B2
増上寺	3432-1431　港区芝公園4-7-35　交通三田線/御成門駅→3分、大江戸線・大江戸線/大門駅→5分、JR・東京モノレール/浜松町駅→10分、日比谷線/神谷町駅→10分	宝物展示室は10時〜16時(平日は11時〜15時)、徳川将軍家墓所は10時〜16時　【休み】火曜(祝日の場合開館)【所要時間】60分	境内参拝自由　展示室は一般700・高校生以下300円・小学生無料、墓所は一般500・高校生以下無料	26　10A2
漱石山房記念館	3205-0209　新宿区早稲田南町7　交通東西線/早稲田駅→10分、大江戸線/牛込柳町駅→15分	10時〜18時　【休み】月曜、臨時休館日	通常展は一般300・中小100円　小中学生は土日祝、10/1は無料	51　6C3
そなエリア東京(防災体験学習施設)	3529-2180　江東区有明3-8-5　交通りんかい線/有明駅→2分、りんかい線/国際展示場駅→徒歩4分	9時半〜17時(入場は16時半まで)【休み】月曜(祝日の場合は翌日)【所要時間】60分〜90分	無料	84　11A4
SOMPO美術館	050-5541-8600(ハローダイヤル)　新宿区西新宿1-26-1　交通JR・丸ノ内線・大江戸線/新宿駅→5分、大江戸線/新宿西口駅→5分	10時〜18時　【休み】月曜(祝日の場合は開館)、展示替期間	展覧会により異なる	49　6A4
太鼓館	3842-5622　台東区西浅草2-1-1　宮本卯之助商店/田原町駅→3分、浅草駅/浅草駅→5分	10時〜17時　【休み】月曜・火曜(祝日の場合、開館)【所要時間】20分	中学生以上500・小学生以下150円	68　8A3
第五福竜丸　展示館	3521-8494　江東区夢の島3-2　夢の島公園内　交通JR・りんかい線/有楽町駅→新木場駅→13分	9時半〜16時　【休み】月曜(祝日の場合翌日)【所要時間】60分	無料　団体見学ではボランティアガイドの説明が受けられる(要予約)	88　11B3
台東区立下町風俗資料館	3823-7451　台東区上野公園2-1　交通京成/京成上野駅→3分、大江戸線/上野御徒町駅→5分、JR・銀座線・日比谷線/上野駅→5分、千代田線/湯島駅→5分	令和6年度末(時期未定)まで休館予定		38　7C3
台東区立　書道博物館	3872-2645　台東区根岸2-10-4　交通JR/鶯谷駅→5分	9時半〜16時半　【休み】月曜(祝日の場合の翌日)、特別整理期間等	一般500・高中小250円　中国及び日本の書道に関する古美術品、考古出土品などを所蔵。本館と中村不折(ふせつ)記念館から成る。	-　7C2
台場一丁目商店街	3599-6500(代)　港区台場1-6-1　デックス東京ビーチシーサイドモール4F　交通ゆりかもめ/お台場海浜公園駅→2分、りんかい線/東京テレポート→5分	11時〜21時(他あり)【休み】不定休(年1回)	店舗	79　10C4
ダイバーシティ東京プラザ	6380-7800　江東区青海1-1-10　交通ゆりかもめ/台場駅→5分、りんかい線/東京テレポート→3分	物販11時〜20時、フードコート11時〜21時、レストラン11時〜22時(平日可)【休み】無休	店舗により異なる	10C4
大名時計博物館	3821-6913　台東区谷中2-1-27　交通千代田線/根津駅→10分、JR/日暮里駅→10分	10時〜16時　【休み】月曜(祝日の場合翌日)、7〜9月休館	大人300・大高200・中小100円　日本独特の不定時法を用いた大名時計を展示する日本唯一の博物館。	-　7B2
ダイヤと花の大観覧車(葛西臨海公園内)	3686-6911(葛西臨海公園営業所)　江戸川区臨海町6-2　交通JR京葉線/葛西臨海公園駅→1分	10時〜20時(土日祝・GW・春夏休みは〜21時)【休み】1月第4・5水曜、2月全水曜、3月〜12月の第3水曜(8月を除く)(祝日の場合翌日)【所要時間】17分	一般(3歳以上)800円	89　4B4
田河水泡・のらくろ館	5600-8666　江東区森下3-12-17　森下文化センター1F　交通新宿線・大江戸線/森下駅→10分	9時〜21時　【休み】第1・3月曜	無料　「のらくろ」をはじめ児童漫画を中心に活躍した田河水泡の作品や遺品などを展示。	-　11A1
工匠館(たくみのやかた)	3647-9819　江東区森下3-12-17　森下文化センター1F　交通新宿線・大江戸線/森下駅→8分	9時〜17時　【休み】第1・3月曜	無料(クラス単位の場合事前予約)　江東区の伝統工芸品や職人の仕事場等を再現、展示。	-　11A1
凧の博物館	3275-2704　東京都中央区日本橋室町1-8-3　室町NSビル2F　交通銀座線・銀座線/浅草線/日本橋駅→2分	11時〜17時　【休み】日祝	無料　江戸凧をはじめ、日本全国から集められた凧約3000件を収蔵・展示。	10C1
立花大正民家園旧小山家住宅	3611-4518　墨田区立花6-13-17　交通東武亀戸線/あずま駅→15分、JR/平井駅→20分	9時半〜16時(庭園部分)、12時半〜16時(住宅部分)【休み】無休	無料　江戸時代からの農家と町屋の雰囲気を今に伝える。趣のある庭園もある。	-　8C3
たばこと塩の博物館	3622-8801　墨田区横川1-16-3　交通東武スカイツリーライン/とうきょうスカイツリー駅→8分、半蔵門線/浅草駅/押上駅→12分	10時〜18時(入場は17時半まで)【休み】月曜(祝日の場合翌日)【所要時間】60分	常設展は大人100・高中小50円　特別展は別途料金	72　8A3
田端文士村記念館	5685-5171　北区田端6-1-2　交通JR/田端駅→2分	10時〜17時　【休み】月曜(祝日の場合火曜と水曜)、祝日の翌日	無料　明治中頃、美術学校等の開設により若い芸術家が、大正期には文士たちが次々と住み始めた。※2023年10月末まで休館予定	-　7B1
旅の図書館	5770-8350　港区南青山二丁目7-29　日本交通公社ビル　交通銀座線・半蔵門線/表参道駅→5分、銀座線/青山一丁目駅→3分	10時半〜17時　【休み】土日祝、毎月第4水曜、その他	雑誌、ガイドブック、新着図書など観光の新しい情報を提供するとともに、観光研究、地域研究資料、統計資料、古書など主要な図書を収蔵している。	-　9C1
地下鉄博物館	3878-5011　江戸川区東葛西6-3-1　交通東西線/葛西駅→1分	10時〜17時　【休み】月曜(祝日の場合翌日)【所要時間】60分	高校生以上220・4歳以上100円　団体は要予約	92　4C4
ちひろ美術館・東京	3995-0612/テレフォンガイド3995-3001　練馬区下石神井4-7-2　交通西武新宿線/上井草駅→7分	10時〜17時(入館は16時半まで)【休み】月曜(祝日の場合翌日)、2月、臨時休館有り【所要時間】60分	大人1000・高校生以下無料　絵本画家いわさきちひろの作品などを紹介する世界で最初の絵本美術館	5D1
中央防波堤埋立処分場	3570-2230(管理事務所)　江東区青海3丁目地先　交通ゆりかもめ/テレコムセンター駅→都営バス波01(中央防波堤行)バス10分りんかい線/東京テレポート駅→都営バス波01(中央防波堤行)バス15分	9時〜16時半　【休み】土日祝日(1・2・5・7・8月の土曜日は見学可)【所要時間】90分	無料　完全予約制	94　4B3
長泉院附属現代彫刻美術館	3792-5858　目黒区中目黒4-12-18　交通各線/目黒駅より、東急バス(三軒茶屋行)で「自然園下」下車、徒歩5分	①10時15分〜11時15分　②③12時15分〜15時45分　【休み】月曜(祝日の場合翌日)、毎月26日(〜月末)(本館のみ)	無料　寺院付属の美術館。西洋風の本館と小さな公園のような3つの屋外展示場には約150点の作品が展示。	9B4
築地場外市場	3541-9466(商店街振興組合)　中央区築地4　交通大江戸線/築地市場駅→1分、日比谷線/築地駅→5分	早朝〜14時(築地魚河岸は9時〜15時)【休み】日曜・祝日と水曜(不定期)	店舗	32　10B2
築地本願寺(西本願寺東京別院)	3541-1131　中央区築地3-15-1　交通日比谷線/築地駅→1分、浅草線/東銀座駅→5分、大江戸線/築地市場駅→5分	【本堂開門時間】6時〜16時　【所要時間】15分		33　10C2
西仲通り商店街(月島もんじゃストリート)	3532-1990　中央区月島1-8-103(月島もんじゃ振興会)　交通有楽町線・大江戸線/月島駅→1分	時間・休みは店舗により異なる。		35　10C2

名称	電話(03) 所在地・交通・最寄(→は所要分)	時間・休み(年末年始除く)	料金ほか	参照頁地図
て 帝国データバンク史料館	5919-9600　新宿区四谷本塩町14-3 交通JR／市ヶ谷駅・四ツ谷駅→9分、南北線・有楽町線／麹町駅→6分	10時～12時、13時～15時 【休み】月曜、土日祝、他 【所要時間】30分	無料　事前予約制　信用調査業界唯一の史料館。世界の信用調査業の歴史や社会的役割、日本の資本主義経済の発展とともに成長してきた過程を、映像や貴重史料をまじえて紹介する。	6C4
デックス東京ビーチ	5599-6500(代)　港区台場1-6-1 交通ゆりかもめ／お台場海浜公園駅→2分、りんかい線／東京テレポート駅→5分	11時～21時 【休み】不定休(年一日)	店舗	79 10C4
TEPIA先端技術館	5474-6128　港区北青山2-8-44 交通銀座線／外苑前駅→4分、大江戸線／青山一丁目駅→9分、JR／千駄ヶ谷駅→14分	①9時半～11時半②13時～15時③15時～17時の3部制 【休み】月曜(祝日の場合翌平日)	無料　事前予約制(各回終了の15分前まで入口での予約可能)　完全入替制(再入場可)・紙見学案内	61 9B1
テレコムセンター展望台	5500-0021　江東区青海2-5-10 交通ゆりかもめ／テレコムセンター駅→1分、りんかい線／東京テレポート駅→15分	15時～20時(土日祝は11時～) 【休み】無休 【所要時間】15分	※土日祝のみ営業　高校生以上500・中小300円　夜景で有名。眼下にお台場エリア一帯および東京ベイ臨海副都心の眺め	11C4
テレビ朝日	6406-1508　港区六本木6-9-1 交通日比谷線／六本木駅→5分、大江戸線・南北線／麻布十番駅→10分	9時半～20時(ショップなどは10時～19時)	※館内見学は休止中　スタジオ見学については本文参照	29 9C2
テレビ東京	6632-7777　港区六本木3-2-1 六本木グランドタワー 交通南北線／六本木一丁目駅→すぐ、日比谷線・大江戸線／六本木駅→5分	14時～16時 【休み】土日祝 【所要時間】60分	無料　※休止中。オンラインの社内見学は実施中　完全予約制。希望日が1か月前以上で教員や生徒のみ申し込み可能。小学校5年生～高校3年生が対象で6～8名まで。教員の引率が必要。	30 10A2
と 東映アニメーションミュージアム	5905-5115　練馬区東大泉2-10-5 交通西武池袋線／大泉学園駅→5分	10時～13時・14時～16時(受付は30分前まで) 【休み】火水曜、他 【所要時間】60分	無料　事前予約制東映アニメーション作品の絵コンテなどの資料を見学できるほか、名場面の絵を動かすことで、アニメーションの仕組みがわかる体験などもできる。	5D1
東急シアターオーブ	渋谷区渋谷2-21-1渋谷ヒカリエ11F 交通東急(田園都市)線・(東横)線・副都心線、JR線、銀座線、京王井の頭線／渋谷駅(直結)	公演内容による	公演内容による	9B2
東急プラザ表参道原宿店	3497-0418　渋谷区神宮前4-30-3 交通JR／原宿駅→4分、千代田線・副都心線／明治神宮前駅→1分、千代田線・半蔵門線・銀座線／表参道駅→7分	11時～21時(飲食は8時半～23時) 【休み】不定休	店舗	54 9B2
東京おもちゃ美術館	5367-9601　新宿区四谷4-20　四谷ひろば内 交通丸ノ内線／四谷三丁目駅→7分	10時～16時 【休み】木曜(祝日の場合翌日)、特別休館日	中学生以上1100・小学生以下800円館内は、世界中からやってきた楽しいおもちゃで遊べる。「見て」、「さわって」、「作って」おもちゃとの素敵な出会いが体験できる。専門家によるおもちゃのレクチャーや、手作りおもちゃも充実。	6C4
東京海洋大学マリンサイエンスミュージアム	5463-0430　港区港南4-5-7　東京海洋大学品川キャンパス内　JR／品川駅→15分、モノレール／天王洲アイル駅→15分	10時～16時 【休み】土日祝、入試期間、点検日、他（土曜日は鯨ギャラリーのみ開館、～15時まで）	無料　事前予約制。コイワシクジラの骨格標本等の生物標本と、大学歴代の練習船模型などが展示。	10A4
TOKYO GLOBAL GATEWAY 東京グローバルゲートウェイ	0120-86596-1　江東区青海2-4-32 TIME24　1～3階 交通ゆりかもめ／テレコムセンター駅→2分、りんかい線／東京テレポート駅→18分	8時半～20時 【所要時間】1セッション60分	高校生4290・中学生4290・小学生4070円(都外学校での利用・半日コース)高校生3190・中学生3190・小学生2970円(都内学校の半日コース)ランチプログラムを受ける場合別途料金がかかる。(2022年度料金・税込)	78 11C4
東京芸術大学大学美術館	050-5541-8600(ハローダイヤル)　台東区上野公園12-8 交通JR・銀座線・日比谷線／上野駅→15分、京成線／京成上野駅→15分、千代田線／根津駅→10分、大江戸線／上野御徒町駅→15分	展覧会期間のみ開館開館時間は展覧会により異なる	無料（一部有料の展覧会もある）東京美術学校設置に先立つ時期からの芸術資料収集で、現在の収蔵品は3万件余りという。	7B2
東京ゲートブリッジ	江東区若洲～中央防波堤外側埋立地 交通JR／新木場駅→都営バス木11系統　若洲キャンプ場行き」乗車し、「若洲キャンプ場前」バス停下車(15分)	10時～17時、夏期(7月～9月)の金・土は10時～20時(入場は30分前まで)　【休み】毎月第3火曜日、12月の第1火曜日　【所要時間】30～60分	無料	4B4
東京工業大学博物館・百年記念館	5734-3340　目黒区大岡山2-12-1 交通東急目黒線・大井町線／大岡山駅→1分	10時半～16時半(常設展示) 【休み】土日祝、他　【所要時間】60分	無料　明治14年に創設された東京職工学校以後の沿革や、電波通信から光通信へと繋がる通信の先端技術に関する研究、創立100年を記念して設立された百年記念の紹介	4B2
東京港野鳥公園	3799-5031(東京港野鳥公園管理係)大田区東海3-1 交通JR／大森駅より、京急バスで「野鳥公園」東京モノレール／流通センター駅→15分	9時～17時(11～1月は～16時半、入場はそれぞれ30分前まで) 【休み】月曜(祝日・都民の日の場合翌日)	大人300・中150円・小以下無料(都内在住在学の中学生以下は無料)	99 4A3
東京国際フォーラム	5221-9000　千代田区丸の内3-5-1 交通JR／有楽町駅、東京駅→5分、日比谷線・千代田線・三田線・日比谷駅→5分、丸ノ内線・銀座線・銀座駅→5分	8時～23時半(店舗により異なる)	店舗	10B1
東京国立近代美術館(本館)	050-5541-8600　千代田区北の丸公園3-1 交通東西線／竹橋駅→3分、半蔵門線・新宿線／九段下駅→15分	10時～17時(企画展は異なる)展示替期間　【所要時間】90分	所蔵作品集は一般500・大250・高校生以下・65歳以上無料。17時からは一般300・大150円。学校の授業のためのスクールプログラムあり	17 7B4
東京国立博物館	050-5541-8600(ハローダイヤル)　台東区上野公園13-9 交通JR・銀座線・日比谷線／上野駅→15分、JR／鶯谷駅→15分、京成線／京成上野駅→15分、GW・お盆は開館	9時半～17時(金・土曜は～21時) 【休み】月曜(祝日の場合翌日)、GW・お盆は開館	一般1000・大500円(高校生以下70歳以上無料(総合文化展のみ)　5/18(国際博物館の日)・周年記念館開館日(7/20～7/24)・敬老の日(9月の第3月曜日)・文化の日(11/3)は無料	36 7C3
東京シティビュー	5777-8600(ハローダイヤル)　港区六本木6-10-1　六本木ヒルズ森タワー52F 交通日比谷線・大江戸線／六本木駅→4分、南北線／麻布十番駅→10分	10時～22時(スカイデッキは11時～20時)　【休み】不定休 【所要時間】30分	平日は大人2000・大高1400・4歳以上800・シニア1700円(個室展望は別料金)スカイデッキ別途追加500円(中学以下は300円)が必要	30 9C2
東京ジョイポリス	5500-1801　港区台場1-6-1デックス東京ビーチ3～5F 交通ゆりかもめ／お台場海浜公園駅→2分、りんかい線／東京テレポート駅→5分	11時～19時 【休み】不定休 【所要時間】480分	パスポートは一般5000・小中高生4000円	80 10C4
東京消防庁池袋防災館	3590-6565　豊島区西池袋2-37-8 交通丸ノ内線・JR・／池袋駅→5分	9時～17時(金曜は～21時)　体験コーナーは開館45分前まで受付 【休み】第1火曜・第3火曜とその翌日(祝日の場合翌日) 【所要時間】60分	無料　防災体験ツアーは要予約(所要100分)団体(10名以上)は要予約	48 6B2
東京消防庁消防博物館	3353-9119　新宿区四谷3-10 交通丸ノ内／四谷三丁目駅(直結)、新宿線・曙橋駅→7分	9時半～17時(図書資料室は水金日の13時～16時半)　【休み】月曜(祝日の場合翌日)ただし9/1・10/1・1/17は開館　【所要時間】60分	無料　団体(10名以上)は要予約	51 6C4

114

※入館時間は記載時間とは異なる場合があります。駅からの所要分や物件での所要時間は目安です。
※なお、記載内容は2023年3月現在のものです。新型コロナウイルス等の影響に伴い、臨時休業や人数制限、団体受付停止、事前予約制導入、時間短縮などを行っている場合がございます。必ず事前に見学状況の確認を行って下さい。

と

名称	電話(03) 所在地・交通・最寄(→は所要分)	時間・休み(年末年始除く)	料金ほか	参照頁 地図
東京消防庁本所防災館	3621-0119 墨田区横川4-6-6 交通JR・半蔵門線／錦糸町駅→10分、京成押上・浅草線・東武伊勢崎線・半蔵門線／押上駅→10分	9時～17時 【休み】水曜・第3木曜(祝日の場合翌日) 【所要時間】60分	無料 防災体験ツアーは要予約(所要110分)	69 8B3
東京スイソミル	6666-6761 江東区潮見1-3-2 交通JR・京葉町線／辰巳駅→20分、JR／潮見駅→10分	9時～17時 【休み】月曜(祝日の場合翌日)	無料 目に見えない水素のことや水素社会の将来像を、見て触って体験しながら楽しく学べる総合的な学習施設	- 11B2
東京スカイツリー	0570-55-0634(東京スカイツリーコールセンター)墨田区押上1-1-2 交通東武スカイツリーライン／とうきょうスカイツリー駅、東武スカイツリーライン・半蔵門線・成田スカイアクセス京成線・浅草線／押上(スカイツリー前)駅	10時～21時 【休み】無休	天望デッキ 当日券大人2100・高中1550・小950円(平日) 天望回廊 大人1000・高中800・小500円(平日)	70 8B3
東京ソラマチ	0570-55-0102(東京ソラマチコール・センター) 同上	全館10時～21時、6F・7F・30F・31F は11時～23時 【休み】不定休	店舗 ※一店舗により異なる	71 8B3
東京税関 情報ひろば	3599-6264 東京都江東区青海2-7-11東京港湾合同庁舎2階 交通ゆりかもめ／テレコムセンター駅→3分	9時～17時 【休み】土日祝日 【所要時間】20～40分	無料 職員による見学案内は要予約。	87 11C4
東京大学キャンパスツアー	文京区本郷7-3-1 交通丸ノ内線・大江戸線／本郷三丁目駅→8分・6分、南北線／東大前駅→1分、三田線／春日駅→10分	①10時～12時 ②14時～16時 【ツアー実施日】毎週土曜・日曜(学校休講日を除く)	無料 完全事前予約制 ツアー開催日の1か月前に予約(HP)	44 7B3
東京大学 総合研究博物館 本郷本館	050-5841-8600(ハローダイヤル) 交通丸ノ内線・大江戸線／本郷三丁目駅→6分、南北線／東大前駅→1分	10時～17時 【開館日】水曜・木【開館日】水曜・木曜・金曜	無料 明治10年の創学から集められた各種学術標本を様々なテーマに合わせて展覧している	- 7B3
東京大空襲・戦災資料センター	5857-5631 江東区北砂1-5-4 交通半蔵門線・都営新宿線／住吉駅→18分	10時半～16時 【休み】月曜(祝日の場合翌日)	一般300・中高生200・小学生以下100円 10名以上の団体は要予約	94 11B1
東京タワー	3433-5111 港区芝公園4-2-8 東京タワーフットタウン1F 交通大江戸線／赤羽橋駅→5分、日比谷線／神谷町駅→6分、三田線／御成門駅→6分、浅草線／大門駅→10分、JR／浜松町駅→15分	9時～23時(トップデッキツアーは～22時45分) 【休み】無休 【所要時間】30分	メインデッキは大人1200・高校生1000・中小4歳以上500円、トップデッキツアーは大人3000・高校生2800・中小2000・4歳以上1400円(当日窓口で、メインデッキを含む) 学校主催行事には割引あり。HP確認	26 10A2
東京ディズニーシー	(0570)00-8632(総合案内 9時～19時)千葉県浦安市舞浜 交通JR京葉線・武蔵野線／舞浜駅	9時～22時(開園閉園時間は、季節、曜日により変動) 【休み】無休	1デーパスポートは、大人8900・中高7400・4歳～小学生5300円(時期により異なる)	90 4B4
東京ディズニーランド	同上	9時～22時(開園閉園時間は、季節、曜日により変動) 【休み】無休	1デーパスポートは、大人8900・中高7400・4歳～小学生5300円(時期により異なる)	90 4B4
東京都慰霊堂	3622-1208 墨田区横網2-3-25 横網町公園内 交通JR／両国駅→2分 大江戸線／両国駅→10分	9時～16時半(開堂時間)【休み】無休	伊東忠太設計。関東大震災、東京大空襲の身元不明の遺骨を納め、死亡者の霊を祀る。	- 8A4
東京ドーム	5684-4401 5684-4404(団体・教育用)文京区後楽1-3-61 交通丸ノ内線・南北線／後楽園駅→1分、JR・三田線／水道橋駅→2分、大江戸線／春日駅→2分	P45参照 【所要時間】45分		43 7A3
東京ドームシティアトラクションズ	3817-6001 文京区後楽1-3-61 交通三田線／水道橋駅→1分、丸ノ内線・南北線／後楽園駅→1分、大江戸線／春日駅→3分、JR／水道橋駅→1分	10時～21時 閉園時間は季節により異なる。【休み】無休 【所要時間】240分	1デーパスポートは、一般4200・中高生3700・小学生2800円・3歳以上1800円	- 7A3
東京都葛西臨海水族園	3869-5152 江戸川区臨海町6-2-3 交通JR京葉線／葛西臨海公園駅→5分	9時半～17時(入園は～16時)【休み】水曜(祝日の場合翌日) 【所要時間】90分	一般700・中200・小学生以下無料 ※65才以上350円 5/4・10/1・10/10は無料、5/5は中学生無料	89 4B4
東京都現代美術館	050-5541-8600(ハローダイヤル)江東区三好4-1-1 木場公園内 交通半蔵門線・大江戸線／清澄白河駅→13分、新宿線／菊川駅→15分、東西線／木場駅→15分	10時～18時 【休み】月曜(祝日の場合翌日)	コレクション展一般500・大学生400・高校生250・中学生以下無料 企画展は別途料金	75 11A1
東京都写真美術館	3280-0099 目黒区三田1-13-3 恵比寿ガーデンプレイス内 交通JR・日比谷線／恵比寿駅→10分	10時～18時(木・金曜→20時) 【休み】月曜(祝日の場合翌日)、他	展覧会により観覧料による 小中高生向けの体験プログラムも行っている。(要予約)	63 9B3
東京都人権プラザ	6722-0123 港区芝2-5-6 芝256スクエアビル1・2階 交通都営三田線／芝公園駅→3分、浅草線・大江戸線／大門駅→7分、JR・東京モノレール／浜松町駅→8分	9時半～18時半 【休み】日曜	児童・生徒向けプログラムによる展示の解説や、体験キット(高齢体験・視覚障害体験など)を使った学習を受ける事ができる。要予約	- 10A3
東京都水道歴史館	5802-9040 文京区本郷2-7-1 交通大江戸線／本郷三丁目駅→8分、JR・三田線／水道橋駅→8分、JR・丸ノ内線／御茶ノ水駅→8分、千代田線／新御茶ノ水駅→8分	9時半～17時 【休み】毎月第4月曜(祝日の場合翌日) 【所要時間】60分	無料 5名以上より展示解説(要予約)	42 7B3
東京都中央卸売市場 豊洲市場	5320-5720・3520-8213(いずれも団体用) 江東区豊洲6-6-1 交通ゆりかもめ／市場前駅	5時～15時 【休み】日祝、休市日 【所要時間】120分	無料 マグロのせり見学は事前申込・抽選制	32 10C3
東京都庁 (都庁舎団体見学コース)	5388-2267(団体見学受付、平日の9時～17時)新宿区西新宿2-8-1 交通丸ノ内線・西新宿駅→1分、大江戸線／都庁前駅→1分、JR・小田急線・京王線・新宿線／新宿駅→10分	10時～、14時45分～の1日2回 【休業日】土日祝 【所要時間】約90分	無料 (団体)見学日の3ヶ月前から電話による申込先着順で受付。希望見学の3日前までに要予約(10名以上45名以内)(個人向け自由見学は予約不要)	49 6A4
東京都庁 展望室 (第一本庁舎45階)	5320-7890(展望室専用案内)同上	9時半～22時 【休み】第2・第4月曜(北展望室)・第1・第3火曜(南展望室)※祝日の場合翌日・都庁点検日 【所要時間】30分	※北展望室は新型コロナワクチン接種会場のため入室不可 無料	49 6A4
東京都庭園美術館	3443-0201 港区白金台5-21-9 交通南北線・三田線／白金台駅→6分、JR・東急目黒線／目黒駅→7分	10時～18時 【休み】(祝日の場合翌日)	展覧会により異なる。 庭園は一般200・大学生160・高校生65歳以上は100円、都内在住・在学の小中学生無料	65 9C4
東京都美術館	3823-6921 台東区上野公園8-36 交通JR・銀座線・日比谷線／上野駅→7分、京成電鉄／京成上野駅→10分	9時半～17時半(特別展開催中の金曜日は～20時) 【休み】第1・第3月曜日(祝日の場合翌日)※展覧会により異なる、他	料金は展覧会により異なる。(入館は無料)	37 7C3
東京都復興記念館	3622-1208 墨田区横網2-3-25横網町公園内 交通大江戸線・JR／両国駅→10分	9時～17時 【休み】月曜(祝日の場合翌日)	無料	74 8A4
東京都水の科学館	3528-2366 江東区有明3-1-8 交通ゆりかもめ／国際展示場正門駅→8分、りんかい線／国際展示場駅→8分	9時～17時 【休み】月曜(祝日の場合翌日) 【所要時間】60分	無料	86 10C4
東京都夢の島熱帯植物館	3522-0281 江東区夢の島2-1-2 交通JR・りんかい線・有楽町線／新木場駅→15分	9時半～17時 【休み】月曜(祝日の場合翌日) 【所要時間】60分	高校生以上250・中100・65歳以上120円・都内在住・在学中学生無料・小以下無料	88 11C3
東京ビッグサイト (東京国際展示場)	5530-1111 江東区有明3-21-1 交通りんかい線／国際展示場駅→7分、ゆりかもめ／国際展示場正門駅→3分	時間・料金はイベントにより異なる		85 11A4
東京ファッションタウン(TFT)ビル (ワンザ有明ベイモール)	5530-5050 江東区有明3-1 交通りんかい線／国際展示場駅→5分、ゆりかもめ／国際展示場正門駅→3分	店舗により異なる 【休み】不定休	店舗	86 11A4
東京文化会館	3828-2111 台東区上野公園5-45 交通JR・銀座線・日比谷線／上野駅→1分、京成線／京成上野駅→5分	公演による	オペラ、バレエ、オーケストラなどの大ホール(2303席)、室内楽やリサイタルの小ホール(649席)をもつ。	- 7C3

	名称	電話(03)・所在地・交通・最寄(→は所要分)	時間・休み(年末年始除く)	料金ほか	参照頁地図
と	東京文化財研究所黒田記念館	5777-8600(ハローダイヤル) 台東区上野公園13-9 交通JR・銀座線・日比谷線/上野駅→13分、京成線/京成上野駅→20分、千代田線/根津駅→15分	9時半～17時(時期により変動あり)※入館は閉館30分前まで 【休み】月曜(祝日の場合翌日)	無料	40 7B3
	東京本願寺(浄土真宗東本願寺派本山東本願寺)	3843-9511 台東区西浅草1-5-5 交通銀座線/田原町駅→5分、浅草線・東武伊勢崎線・つくばエクスプレス/浅草駅→10分	9時～16時 【開門】17時 【所要時間】	境内自由	67 8A3
	東京ミッドタウン	3475-3100(コールセンター)港区赤坂9-7-1 交通大江戸線/六本木駅(直結)、千代田線/乃木坂駅→3分、南北線/六本木一丁目駅→10分	ショップ11時～21時[レストランは～24時]【休み】無休	店舗により異なる	- 9B2
	TOKYOミナトリエ	5500-2587 江東区青海2-4-24 青海フロンティアビル20階 交通りんかい線/東京テレポート駅→15分、ゆりかもめ/テレコムセンター駅→1分	10時～18時(金土・祝前日は～21時) 【休み】月曜 【所要時間】60分	無料 団体(10名以上)の場合、要予約	83 11C4
	東京理科大学近代科学資料館	5228-8224 新宿区神楽坂1-3 交通各線/飯田橋駅→4分	12時～16時(土曜は10時～) 【休み】日月火祝・他	無料 2015年にノーベル生理学・医学賞を受賞された大村智特別栄誉博士(1963年本学大学院理学研究科修士課程修了、1970年理学博士)の功績を顕彰する2015年にノーベル生理学・医学賞を受賞された大村智博士の功績を顕彰する施設として、「大村智記念展示室」が2階に開設された	- 7A4
	刀剣博物館	6284-1000 墨田区横網1-12-9 交通JR・大江戸線/両国駅→7分	9時半～17時 【休み】月曜(祝日の場合は翌日、展示替期間	一般1000・学生(及び会員)500円・中小無料	74 8A4
	東証アローズ(東京証券取引所)	050-3377-7254 中央区日本橋兜町2-1 交通東西線・日比谷線・浅草線/茅場町駅→7分、浅草線/日本橋駅→5分	【見学時間】案内付き見学付き見学ツアーは9時～、10時～、13時～、14時～の1日4回 [所要時間]60分 土日祝	無料※要予約 「見学＋学生向けレクチャー」は中止中※要確認	24 10C1
	東武博物館	3614-8811 墨田区東向島4-28-16 交通東武伊勢崎線/東向島駅→1分	10時～16時半 【休み】月曜(祝日の場合は翌日) 【所要時間】60分	大人210・4歳～中学生100円	72 8B2
	戸栗美術館	3465-0070 渋谷区松濤1-11-3 交通京王井の頭線/神泉駅→10分、JR・銀座線・半蔵門線・東急(東横線・田園都市線)/渋谷駅→15分	10時～17時(金曜は～20時) 【休み】月曜(毎月第4月曜を除く、祝日の場合開館)、展示替期間	展覧会により異なる	56 9A2
	豊島区立郷土資料館	3980-2351 豊島区西池袋2-37-4 交通勤労福祉会館7F JR/池袋駅→10分	9時～16時半 【休み】月曜、第3日曜、祝日	無料 「豊島台・本郷台に生きる～ひと・景観・暮らし～」をテーマに豊島の歴史を紹介	- 6B2
	豊島区立トキワ荘マンガミュージアム	6912-7706 豊島区南長崎3-9-22 交通大江戸線/落合南長崎駅→5分、西武池袋線/東長崎駅→10分	10時～18時(入館は17時半まで) 【休み】月曜(祝日の場合翌平日)、展示切替期間 【所要時間】60分	無料(企画展は有料の場合あり) 事前予約制(入館人数による)展示内容は日程によって変更の場合あり。最新情報はHPで確認ください。	47 6A2
	等々力不動	3701-5405 世田谷区等々力1-22-47 交通東急大井町線/等々力駅→5分	境内自由	都区内では珍しい渓谷散策とともに巡りが楽しめる、古からの修験地。桜の名所としても名高い。	- 4B1
	富岡八幡宮	3642-1315 江東区富岡1-20-3 交通東西線・大江戸線/門前仲町駅→6分、JR/越中島駅→15分	9時～16時(資料館は9時～15時半) 【休み】無休	境内は無料。資料館は事前予約、大人300・中小150円	75 11A1
な	中川船番所資料館	3636-9091 江東区大島9-1-15 交通都営新宿線/東大島駅→5分	9時～17時 【休み】月曜(祝日の時は翌日)、展示替期間	大人200・中小50円 江戸出入りの船を取り締まった中川番所をジオラマで再現。水運に関する歴史や文化が学べる。	- 4C4
	中野区立歴史民俗資料館	3319-9221 中野区江古田4-3-4 交通新宿線/沼袋駅→8分	9時～17時 【休み】月曜・第3日曜	無料 常設は原始から現代までの中野の歴史を紹介。	- 5D1
	ナンジャタウン	5835-2263 豊島区東池袋3 サンシャインシティ・ワールドインポートマート2F 交通有楽町線/東池袋駅→3分、JR・丸ノ内線/池袋駅→8分、都電荒川線/東池袋四丁目駅→4分	10時～22時(最終入園は21時まで) 【休み】無休(時間、休み、料金等変更の場合あり) 【所要時間】60分	ナンジャパスポート:中学生以上3500・4才～小学生2800円	- 6C2
に	ニコライ堂	3295-6879 千代田区神田駿河台4-1 交通JR/御茶ノ水駅→1分、千代田線/新御茶ノ水駅→3分	聖堂見学13時～15時半(拝観可能日)土～日曜(10名以上の団体は火曜～日曜)	一般300・中100円・小学生以下無料 拝観有料、事前予約	- 7B4
	西新井大師(総持寺)	3890-2345 足立区西新井1-15-1 交通東武大師線/大師前駅→1分	通常(境内)6時～20時、本堂)8時～18時 【所要時間】15分	拝観無料	- 5E3
	東京都虹の下水道館	5564-2458 江東区有明2-3-5 有明水再生センター管理棟A棟5F 交通ゆりかもめ/お台場海浜公園駅→8分、りんかい線/国際展示場駅→12分	9時半～16時半 【休み】月曜(休日の場合翌日)	無料 団体は要事前予約。	82 10C4
	日テレ社内見学	6215-9686(日テレ屋) 港区東新橋1-6-1 交通各線/新橋駅→3分、大江戸線/汐留駅→1分	日テレ屋は10時～19時まで 【休み】無休 【所要時間】90分	店舗 社内見学は本文参照	33 10B2
	国際機関日本アセアンセンター	5402-8008(交流) 港区新橋6-17-19 新御成門ビル1階 交通三田線/御成門駅→1分、銀座線/虎ノ門駅→8分、浅草線/新橋駅→8分	9時半～17時半 【休み】土日祝	無料 中高生向けの訪問プログラムあり。(要予約)5名～150名程度まで受け入れ可能。	29 10A2
	日本オリンピックミュージアム	6910-5561 新宿区霞ヶ丘町4-2 JAPAN SPORT OLYMPIC SQUARE 1・2F 交通銀座線/外苑前駅→5分、大江戸線/国立競技場駅→10分、JR/千駄ヶ谷駅・信濃町駅→12分	10時～17時 【休み】月曜(祝日の場合翌日)、展示替期間、他 【所要時間】60分	※事前予約 一般500円・高校生以下無料	61 9B1
	日本科学未来館「Miraikan」	3570-9151 江東区青海2-41 交通ゆりかもめ/テレコムセンター駅→4分、りんかい線/東京テレポート駅→15分	10時～17時 【休み】火曜(祝日の場合開館) 【所要時間】120分	一般630・18才以下210円、小学校未就学者は無料。土曜は18才以下入館無料(企画展を除く)。ドームシアターは大人310・18歳以下100円	85 11C4
	日本カメラ博物館	3263-7110 千代田区一番町25 交通JCIIビル 半蔵門線/半蔵門駅→1分、有楽町線/麹町駅→8分	10時～17時 【休み】月曜(祝日の場合は翌日)	(常設展)高校生以上300円・中学生以下無料 日本のカメラの発展史を系統的に常設展示する他、世界中の歴史カメラの名機、名作、珍品も展示される。	- 10A1
	日本銀行(本店見学)	3277-2815 中央区日本橋本石町2-1-1 交通半蔵門線・銀座線/三越前駅→2分、JR・神田駅・東京駅→8分	9時半～、11時～、13時45分～、15時15分(一般見学) 【休み】土日祝 【所要時間】60分	無料 一般見学は要予約	21 7B4
	日本サッカーミュージアム	050-2018-1990 文京区本郷3-10-15 JFAハウス 交通JR・丸ノ内線/御茶ノ水駅→7分、千代田線/新御茶ノ水駅→7分	休館中		- 7B3
	日本書道美術館	3965-2611 板橋区常盤台1-3-1 交通東武東上線/ときわ台駅→8分	10時～17時 【休み】月・火曜、展示替期間、夏期 【所要時間】60分	一般1000・大高700・中小500円 古筆、近代書道名家作品、現代書道代表作家作品などおよそ5000点を収蔵。絵画、人形などの展観もあり。	- 5E2
	日本の酒情報館「SAKE PLAZA」	3519-2091 港区西新橋1-6-15 日本酒造虎ノ門ビル1F 交通銀座線/虎ノ門駅→3分、日比谷線/虎ノ門ヒルズ駅→5分、丸ノ内線/霞ヶ関駅→4分、三田線/内幸町駅→5分	10時～18時 【休み】土日祝、他	無料 北海道から沖縄までの日本酒や焼酎・泡盛などを展示。	- 10A2

※入館時間は記載時間とは異なる場合があります。駅からの所要分や物件の所要時間は目安です。

※なお、記載内容は2023年3月現在のものです。新型コロナウィルス等の影響に伴い、臨時休業や人数制限、団体受付停止、事前予約制導入、時間短縮などを行っている場合がございます。必ず事前に見学状況の確認を行って下さい。

名称	電話(03) 所在地・交通・最寄(→は所要分)	時間・休み(年末年始除く)	料金ほか	参照頁地図
日本文具資料館	3861-4905 台東区柳橋1-1-15(東京文具販売健康保険組合会館1F) JR・浅草橋駅→5分	13時〜16時 【休み】土・日・祝祭日	無料 筆記具類や計算機、その他貴重な珍しい古今の文具を展示。平成16年から「科学館コーナー」を新設。	7C4
日本民藝館	3467-4527 目黒区駒場4-3-33 京王井の頭線/駒場東大前駅→5分	10時〜17時 【休み】月曜(祝日の場合翌日)、展示替期間	一般1200・大高700・中小200円	56 9A2
ねぎし三平堂	3873-0760 台東区根岸2-10-12 JR/鶯谷駅→5分	11時〜17時 【開堂日】水・土・日曜	600円 昭和の爆笑王・林家三平の遺品などを公開。	- 7C2
根津美術館	3400-2536 港区南青山6-5-1 銀座線・半蔵門線・千代田線/表参道駅→10分	10時〜17時 【休み】月曜(祝日の場合翌日)・展示替期間	特別展:一般1600・大高1200円(当日券) 企画展:一般1400・大高1100円(当日券) 中学生以下無料 茶道具・絵画の古美術品コレクションを保存・展示する。尾形光琳の「燕子花図屏風」など。	- 9D2
農林水産省「消費者の部屋」	5512-1115 千代田区霞が関1-2-1 千代田線・丸ノ内線・日比谷線/霞ヶ関駅→すぐ	学校訪問は10時半〜13時半の2回※月曜は13時半〜金曜は10時半の1回 【休み】土曜・日曜、祝日 【所要時間】60分	無料 事前申込要。団体訪問は15名まで。	18 10A1
俳句文学館(図書室)	3367-6621 新宿区百人町3-28-10 JR・大久保駅/新大久保駅→10分	10時〜16時(第2金曜〜19時) 【休み】木曜、他	100円 日本で唯一の俳句文芸専門の図書館。収蔵図書は6万冊、俳句雑誌約35万冊におよぶ。	6A3
博品館TOY PARK	3571-8008 中央区銀座8-8-11 銀座線・浅草線・丸ノ内線・日比谷線/銀座駅→5分	11時〜20時 【休み】無休	店舗	34 10B2
白洋舎多摩川工場(工場見学)	3759-1336(洗濯科学研究所) 大田区下丸子2-11-1 東急多摩川線/下丸子駅→5分	【見学時間】14時〜15時半 【休み】土日祝、3〜10月 【所要時間】90分	※見学中止中 無料 要電話予約 資料館も無料。見学の際は白洋舎本社受付に申し込む事。	98 4A2
江東区芭蕉記念館	3631-1448 江東区常磐1-6-3 新宿線・大江戸線/森下駅→7分	9時半〜17時 【休み】第2・第4月曜日(祝日の場合翌日)、展示替期間 【所要時間】15分	一般200・中小50円 (教師が引率する江東区の小中児童無料・要申請)	74 11A1
長谷川町子美術館・記念館	3701-8766 世田谷区桜新町1-30-6 東急田園都市線/桜新町駅→7分	10時〜17時半 【休み】月曜(祝日の場合翌日)・展示替期間 【所要時間】40分	一般900・大高500・中小400円	92 4B1
畠山記念館	3447-5787 港区白金台2-20-12 浅草線/高輪台駅→5分、南北線・三田線/白金台駅→12分		改築工事のため長期休館中	76 9C4
発泡スチロール協会環境教育プログラム	3861-9046 千代田区神田佐久間町2-20 日比谷線/秋葉原駅→1分、JR/秋葉原駅→3分	9時〜17時 【休み】土日祝、他 【所要時間】120分	無料 最大10名程度の方。要予約。発泡スチロールに関する各種実験、VTRやテキスト、サンプルなどを使った講義により、発泡スチロールに対する正しい知識とリサイクル活動の重要性について理解を深めることのできる環境学習プログラム	7C4
鳩山会館	5976-2800 文京区音羽1-7-1 有楽町線/江戸川橋駅→7分	10時〜16時 【休み】月曜(祝日の場合翌日)、1・2・8月は休館	大人600・大高400・中小300円 大正13年(1924)建築の鳩山家の洋館が、平成8年(1996)、修復され鳩山会館となった。	6C3
パナソニック汐留美術館	050-5541-8600(ハローダイヤル) 港区東新橋1-5-1パナソニック東京本社ビル4F JR・浅草線・銀座線・ゆりかもめ/新橋駅→8分、大江戸線/汐留駅→5分	10時〜18時 【休み】水曜(祝日は開館)、お盆、展示替期間等	展覧会により異なる	33 10B2
パナソニックセンター東京	3599-2600 江東区有明3-5-1 りんかい線/国際展示場駅→2分、ゆりかもめ/有明駅→3分	10時〜18時(AkeruE 3階の最終入場は17時まで) 【休み】月曜、臨時休館日 【所要時間】120分	無料 AkeruEの3階のみ小学生以上700円(要事前予約)	82 11A4
花園神社	3209-5265 新宿区新宿5-17-3 丸ノ内線・新宿線・副都心線/新宿三丁目駅→1分、JR線/新宿駅→7分	参拝自由	内藤新宿の総鎮守。11月の酉の市が有名で境内には新宿鳥森神社が祀られている。鳥は取り壊され、開運出世、財福招来があるといわれる。	- 6B4
花畑記念庭園(はなはた)	3885-9795 足立区花畑4-40-1 東武伊勢崎線/竹の塚駅(東武バス(花畑団地行)で「団地入口」)	9時〜17時 【休み】月曜(祝日の場合翌日)	無料 壮大な日本庭園。庭の外側は石垣と築地塀で囲まれて、まさに日本の古い城郭を思わせる。	5E3
羽田空港展望デッキ	5757-8111(総合案内所) 大田区羽田空港3-3-2 ビッグバードRF 東京モノレール・京急線/羽田空港駅→1分	6時半〜22時 【休み】無休 【所要時間】15分	無料	- 4A3
羽田クロノゲート	6756-7180(団体予約) 大田区羽田旭町11-1 東京モノレール/天空橋駅→10分、京浜急行空港線穴守稲荷駅→5分	見学コースは時間帯の予約が必要。(土曜・日曜は全館公開)、お盆、年末年始	無料 詳細は本文参照	96 4A3
浜離宮恩賜庭園	3541-0200 中央区浜離宮庭園1-1 大江戸線/築地市場駅→7分・汐留駅→7分、ゆりかもめ/汐留駅→7分、大手・築地市場・銀座/新橋駅→12分	9時〜17時	中学生以上300円、小学生以下・都内在住・在学中学生無料 ※65歳以上150円	34 10B2
光が丘公園	3977-7638(公園管理所) 練馬区光が丘4-1-1 大江戸線/光が丘駅→8分、有楽町線/地下鉄成増駅→15分	9時〜17時(季節により変更) 【開園日】年間開園(バードサンクチュアリは土日祝のみ)	無料 光が丘公園南部、鳥や昆虫が飛びかう自然空間。観察会も設置。	- 5E1
江東区深川江戸資料館	3630-8625 江東区白河1-3-28 半蔵門線・大江戸線/清澄白河駅→3分	9時半〜17時 【休み】第2・4月曜日(祝日の場合翌日)、展示替え期間等 【所要時間】60分	高校生以上400・中小50円 小・中学生のみの入場不可(応相談)。教師が引率する江東区の小中児童無料・要申込	75 11A1
深川不動堂	3641-8288 江東区富岡1-17-13 東西線・大江戸線/門前仲町駅→3分	【開扉時間】8時〜18時(本堂・内仏殿)	五代目尾上菊五郎の碑、力石などが有名。納め不動(12/28)、毎月28日の縁日は多くの参拝者で賑わう。	- 11A1
フジテレビ本社ビル(フジテレビギャラリー、球体展望室「はちたま」)	港区台場2-4-8 ゆりかもめ/台場駅→3分、りんかい線/東京テレポート駅→5分	10時〜18時(学生対象の見学は平日のみ13時半〜と15時〜の2回)、その他 【所要時間】90分	無料 高以上700・中小450円(球体展望室=はちたま) 番組制作などのしくみについて学べるツアーガイドを行う(学生対象)。連絡先03-5500-9261 ※新型コロナの影響で中止中	81 10C4
フジフイルム スクエア	6271-3350 港区赤坂9-7-3 日比谷線・大江戸線/六本木駅→5分、千代田線/乃木坂駅→1分	10時〜19時(入館は18時50分まで) 【休み】無休 【所要時間】60分	無料	31 9C2
物流博物館	3280-1616 港区高輪4-7-15 浅草線・京急線/高輪台駅→7分、JR・京急線/品川駅→7分	10時〜17時 【休み】月曜(祝日の場合翌日)、第4火曜、祝日の翌日、展示替期間	高校生以上200円・中小無料。(授業の一環としての利用は無料。要事前承認)	76 9C4
文化学園服飾博物館	3299-2387 渋谷区代々木3-22-7 新宿文化クイントビル1F 丸ノ内線/新宿駅→7分	10時〜16時(金曜〜19時) 【休み】日曜・祝日、展示替期間	一般500・大高300・中小200円 世界の服飾の実物資料を収蔵。年4回展示替えを行い、テーマを設けて展示。	9A1
文京シビックセンター展望ラウンジ	5803-1162 文京区春日1-16-21 丸ノ内線・南北線/後楽園駅→1分、大江戸線・三田線/春日駅→5分	【展望台利用時間】9時〜20時半 【休み】5月第3日曜日	無料(展望ラウンジ利用料金) 25階からは街並みはもちろん、富士山、東京スカイツリー、筑波山まで一望できる。軽食、ドリンクコーナーもあり。	7A3
文京ふるさと歴史館	3818-7221 文京区本郷4-9-29 丸ノ内線・大江戸線/本郷三丁目駅→5分、三田線・大江戸線/春日駅→5分	10時〜17時 【休み】月曜、第4火曜(祝日の場合翌日)	100円、中学生以下無料 平成3年(1991)開館。文京区の「大地と「坂」と「水」が織り成す歴史を紹介。	- 7B3

117

	名称	電話(03) 所在地・交通・最寄(→は所要分)	時間・休み(年末年始除く)	料金ほか	参照頁地図
ほ	平和祈念展示資料館	5323-8709　新宿区西新宿2-6-1新宿住友ビル33F　都営大江戸線／都庁前駅→1分、丸ノ内線／西新宿駅→5分	9時半〜17時半　【休み】月曜(祝日の場合翌日)、ビル休館日、展示替他	無料　兵士、戦後強制抑留者、海外からの引揚者の戦争体験の労苦について理解を深める。	50 6A4
	法乗院 (深川えんま堂)	3641-1652　江東区深川2-16-3　東西線／門前仲町駅→3分	【開門時間】9時〜17時　【休み】無休	近年復興した日本最大の閻魔大王坐像は、高さ3.5m、幅4.5mで、光や音とともに閻魔さま……	- 11A1
	法務省赤レンガ棟 法務史料展示室	3592-7911(法務史料展示室直通)　千代田区霞が関1-1-1　有楽町線／桜田門駅→1分、丸ノ内線・日比谷線・千代田線／霞ヶ関駅→5分、三田線／日比谷駅→6分	10時〜18時　【休み】土日祝など	無料　10人以上の団体は電話・インターネットで受け付け。(3ヶ月前より)	- 10B1
	堀切菖蒲園	3694-2474　葛飾区堀切2-19-1　京成本線／堀切菖蒲園駅→15分	9時〜17時、菖蒲まつり期間内(6月)は開園時間を延長　【休み】無料	無料　花菖蒲は5月下旬から6月中旬までが見頃。その時期は、葛飾菖蒲まつりが行われる。	- 8B1
	ホリプロ・インプルーブメント・アカデミー 修学旅行一日体験学習	4330-7700　目黒区下目黒1-2-5　南北線・三田線／目黒駅→3分	10時〜18時　【休み】無休　【所要時間】1コース120分	有料。要予約。対象は小中高校の修学旅行生のみ。1コース15名〜30名まで。	64 9B4
	本郷給水所公苑	5803-1252(みどり公園課)　文京区本郷2-7　三田線／水道橋駅→7分、JR・丸ノ内線／御茶ノ水駅→7分、大江戸線・丸ノ内線／本郷三丁目駅→7分	7時〜19時(10月〜3月は9時〜17時)　【休み】無休	無料　武蔵野の雑木林のイメージをもとに造られた和風庭園と、バラ園を中心とした開放的な西洋庭園から成る。	- 7B3
ま	BIG FUN 平和島	3768-9090　大田区平和島1-1-1　京急本線／平和島駅→15分	時間は店舗により異なる	都内最大のアミューズメントフロア。充実した飲食店舗、シネマコンプレックス等、カップルからファミリーまで楽しめる。	4A2
	牧野記念庭園	6904-6403　練馬区東大泉6-34-4　西武池袋線／大泉学園駅→5分	9時〜17時　【休み】火曜(祝日の場合翌日)	無料　植物学者牧野富太郎博士ゆかりの地。約300種類の植物が栽培されている。	95 5D1
	マダム・タッソー東京	0800-100-5346　港区台場1-6-1デックス東京ビーチ アイランドモール3F　ゆりかもめ／お台場海浜公園駅→2分、りんかい線／東京テレポート駅→徒歩5分	11時〜20時(土日祝は10時〜)、最終入場は1時間前まで　【休み】不定休　【所要時間】60分	一般・中学生以上2600・小学生〜3歳以上1800円 学校団体(10名以上)は高中1300・小1100円(要予約)　日付指定チケットや班別行動などは割引が受けられる。詳しくはHPへ。	80 10C4
	松岡美術館	5449-0251　港区白金台5-12-6　南北線・三田線／白金台駅→6分、JR・東急目黒線／目黒駅→15分	10時〜17時　【休み】月曜(祝日の場合翌日)、展示替え期間	一般1200・25才以上500円・高校生以下無料	65 9C3
	丸ビル (丸の内ビルディング)	5218-5100　千代田区丸の内2-4-1　JR・丸ノ内線／東京駅(直結)	11時〜21時　※店舗により異なる	店舗	- 10B1
み	水田記念博物館 大石化石ギャラリー	6238-1031　千代田区平河町2-3-20 学校法人城西大学 東京紀尾井町キャンパス3号棟地下1階　南北線・半蔵門線・有楽町線／永田町駅→5分、有楽町線／麹町駅→3分	11時〜17時　【休み】展示替期間、夏季　【所要時間】60分	無料　※事前予約性　約200点の実物化石標本と学術標本を保管・展示するとともに、化石を触察標本として用いるワークショップや、ギャラリートーク、講演、シンポジウムの開催している。	- 10A1
	ミズノプリンティングミュージアム	3551-7595　中央区入船2-9-2　日比谷線／八丁堀駅→5分、有楽町線／新富町駅→5分	10時〜13時、13時〜16時　【休み】土日祝	無料　日本の古い印刷機、歴史的印刷物など、数多く展示している。世界最古の現存印刷物「百萬塔陀羅尼経」がある。	- 10C1
	三菱史料館 (三菱経済研究所附属)	5802-8673　文京区湯島4-10-14　丸ノ内線・大江戸線／本郷三丁目駅→10分、千代田線／湯島駅→6分	10時〜16時半　【休み】土日祝	無料　※史料の閲覧については、事前予約が必要	39 7B3
	港区立郷土歴史館	6450-2107　港区白金台4-6-2 ゆかしの杜内　南北線・三田線／白金台駅→1分	9時〜17時(土曜は〜20時)　【休み】毎月第3木曜(祝日の場合翌日)、特別整理期間	常設展は大学生以上300・高中小100円　特別展は別料金　区内で発掘された出土遺物、文化財、館蔵の古文書や民俗資料などを展示して港区の歴史や文化を紹介。	9C3
	宮城道雄記念館	3269-0208　新宿区中町35　大江戸線／牛込神楽坂駅→2分、JR・有楽町線・南北線／飯田橋駅→10分、東西線／神楽坂駅→10分	10時〜16時　【休み】月・火・日・祝日、春季、夏季	一般400・学生200円　「現代邦楽の父」と称される宮城道雄の記念館。多くの図書、楽譜、録音資料、映像資料、点字楽譜な遺品を展示・保管している。	45 7A4
	民音音楽博物館	5362-3555　新宿区信濃町8　JR／信濃町駅→5分、丸ノ内線／四谷三丁目駅→10分、大江戸線／国立競技場駅→12分	11時〜16時(日祝は10時〜17時)　【休み】月曜(祝日の場合翌日)	無料　音楽資料を数多く収集・展示をする施設。2階では「古典ピアノ」室」や「自動演奏楽器展示室」があり、演奏時間があえば聞くことができる。	- 9C1
	向島百花園 (むこうじま)	3611-8705　墨田区東向島3-18-3　東武伊勢崎線／東向島駅→8分、京成押上線／京成曳舟駅→13分	9時〜17時　【休み】無休	中学生以上150・65歳以上70円(小以下と都内在学在住の中学生以下無料)　「百花園」とは一説では「四季百花の乱れ咲く園」という意味。早春の梅、夏の山野草、秋の萩など。	- 8B2
む	明治神宮外苑	3401-0312　新宿区霞ケ丘町1-1			60 9C1
	明治神宮	3379-5511　渋谷区代々木神園町1-1　JR／原宿駅→1分、大江戸線／代々木駅→1分、千代田線／明治神宮前駅→1分、小田急線／参宮橋駅→1分	9時〜16時20分(参拝・祈祷受付時間)　【休み】無休	参拝無料(日の出から日没まで)	52 9A1
め	明治神宮御苑	同上	9時〜16時半(11月〜2月は〜16時、6月は平日9時〜16時30分〜18時)　【休み】無休	御苑維持協力金　大人500・高中小200円	52 9A1
	明治神宮ミュージアム	3379-5875　渋谷区代々木神園町1-1　JR／原宿駅→5分、千代田線・副都心線／明治神宮前(原宿)駅→5分	10時〜16時(最終入館は〜16時)　【休み】木曜(祝日の場合開館)、展示替期間　【所要時間】60分	一般1000・高校生以下900・小学生未満無料　※保護者同伴要	52 9A1
	明治大学博物館	3296-4448　千代田区神田駿河台1-1アカデミーコモン地階　JR・丸ノ内線／御茶ノ水駅→8分、千代田線／新御茶ノ水駅→8分、JR・半蔵門線・三田線／神保町駅→10分	10時〜17時　【休み】夏期休業、日祝、冬季休業日、その他	無料(常設展)	42 7B4
	目黒寄生虫館	3716-1264　目黒区下目黒4-1-1　JR・東急線・南北線・三田線／目黒駅→15分	10時〜17時　【休み】月火曜(祝日の場合翌平日)	無料(募金箱あり)　グループなど多人数の場合、要予約	64 9B4
	目白庭園	5996-4810　豊島区目白3-20-18	9時〜17時(7月・8月は〜19時)　【休み】毎月第2・第4月曜(祝日にあたる場合は翌日)	無料　閑静な住宅街に、平成2年(1990)開設された、広さ約2800㎡の本格的な日本庭園。	- 6B2
	METoA Ginza (メトアギンザ)	5537-7411(イベントスペース)　中央区銀座5-2-1 東急プラザ銀座内　銀座線・丸ノ内線・日比谷線／銀座駅→すぐ	11時〜21時(イベントスペース)　【休み】1/1	無料　団体見学も可能。詳しくはWEBサイトより団体見学受付へ。	24 10B1
	文京区立 森外記念館	3824-5511　文京区千駄木1-23-4　千代田線／千駄木駅→5分、南北線／本駒込駅→10分	10時〜18時　【休み】毎月第4火曜(祝日の場合翌日)、展示替日・他	通常展一般300円、特別展は展示により異なる。中学生以下無料	39 7B2
	文部科学省 情報ひろば	5253-4111(平日9時〜)　千代田区霞が関3-2-2　銀座線／虎ノ門駅→1分、千代田線／霞ヶ関駅→5分	10時〜18時(入場は17時半まで)　【休み】土日祝日　【所要時間】30分	編集時点ではリニューアル休館中。再開についてはHP要確認。無料	20 10A1

※入館時間は記載時間とは異なる場合があります。駅からの所要分や物件での所要時間は目安です。
※なお、記載内容は2023年3月現在のものです。新型コロナウィルス等の影響に伴い、臨時休業や人数制限、団体受付停止、事前予約制導入、時間短縮などを行っている場合がございます。必ず事前に見学状況の確認を行って下さい。

名称	電話(03) 所在地・交通・最寄(→は所要分)	時間・休み(年末年始除く)	料金ほか	参照頁地図
森永乳業株式会社本社(企業訪問学習)	3798-0129(CSR推進部) 港区芝5-33-1 交通 三田線・浅草線／三田駅→すぐ、JR／田町駅→すぐ	①10時～ ②14時～ 【休み】土日祝・会社の休業日 【所要時間】60分	※本社訪問は休止中。オンライン企業訪問、職業講話に変更中。無料 中学校、高等学校、高等専門学校の在学生が対象。最大36名まで。	95 10A3
野球殿堂博物館	3811-3600 文京区後楽1-3-61(東京ドーム21番ゲート付近) 交通 JR・三田線／水道橋駅→5分、丸ノ内線・南北線／後楽園駅→5分、大江戸線／春日駅→8分	10時～17時(プロ野球開催日は～18時) 【休み】月曜(祝日、東京ドームでの野球開催日、春・夏休み中は開館)	大人600・大高400・中小200円	44 7A3
矢切の渡し	047-363-9357(矢切渡船) 葛飾区柴又7-18先 交通 京成金町線／柴又駅→10分	不定休につき要確認、12月～3月上旬は土日祝及び帝釈天の縁日(1/1～7)のみ運航※いずれも荒天の場合運休 【運行時間】10時～16時頃 【渡航時間】5分	中学生以上200円(4歳以上100円) 江戸時代初期から矢切村と柴又村の住民の生活渡船として利用され、今日にいたる。	5E4
靖国神社	3261-8326 千代田区九段北3-1-1 交通 東西線・半蔵門線・新宿線／九段下駅→5分、JR・有楽町線・南北線／市ヶ谷駅→10分	【開閉門時間】6時～18時(11～2月は～17時)	明治2年(1869)に東京招魂社として創建。明治維新から今日までの事変、戦争などで亡くなった人々を祀る。	23 7A4
靖国神社 遊就館	3261-8326 千代田区九段北3-1-1 交通 東西線・半蔵門線・新宿線／九段下駅→5分、JR・有楽町線・南北線／市ヶ谷駅→10分、JR／飯田橋駅→10分	9時～16時半 【休み】無休、臨時休館有 【所要時間】120分	一般1000・大・500・高中300・小学生無料	23 7A4
山種美術館	5777-8600(ハローダイヤル) 渋谷区広尾3-12-36 交通 日比谷線／恵比寿駅→10分	10時～17時 【休み】月曜(祝日の場合翌日)、展示替期間	(通常展)一般1300・大高1000円・中小無料(保護者同伴)	31 9B3
山田洋次ミュージアム	3657-3455(寅さん記念館) 葛飾区柴又6-22-19(観光文化センター内) 交通 京成金町線／柴又駅→8分	9時～17時 【休み】第3火曜(祝日の場合翌日)、12月第3火・水・木曜 【所要時間】30分	葛飾柴又寅さん記念館との共通券 高校生以上500・中小300円	- 5E4
弥生美術館・竹久夢二美術館	3812-0012 文京区弥生2-4-3(弥生美術館) 5689-0462 文京区弥生2-4-2(竹久夢二美術館) 交通 千代田線／根津駅→7分、南北線／東大前駅→7分	10時～17時 【休み】月曜(祝日の場合翌日)、展示替日	一般1000・大高900・中小500円(共通)	40 7B3
郵政博物館	6240-4311 墨田区押上1-1-2 東京スカイツリータウン・ソラマチ 9階 交通 東武スカイツリーライン／とうきょうスカイツリー駅、半蔵門線・浅草線／押上(スカイツリー前)駅→10分	10時～17時半(入館は30分前まで) 【休み】不定休 【所要時間】60分	大人300・中高小150円 10名以上の見学の場合HPより申込み。	72 8B3
湯島天神(湯島天満宮)	3836-0753 文京区湯島3-30-1 交通 千代田線／湯島駅→2分、銀座線／上野広小路駅→5分、大江戸線／上野御徒町駅→5分、丸ノ内線／本郷三丁目→10分、JR／御徒町駅→8分	参拝自由 宝物殿は9時～17時(入館は～16時半)	宝物殿は一般500・大高300・中小200円 修学旅行生には宝物殿受付でパンフレット配布、特別昇殿参拝(有料)も行っている。	42 7B3
ユニセフハウス	5789-2014(学校事業部) 港区高輪4-6-12 交通 JR／品川駅→7分、浅草線／高輪台駅→7分	平日10時～17時(第2、4土曜日は開館) 【休み】土日祝・上記以外の土曜、6/9 【所要時間】90分	無料 ガイドツアーは要予約。	77 9C4
夢の島公園	3522-0281 江東区夢の島 交通 JR・りんかい線・有楽町線／新木場→15分		無料	11C3
容器文化ミュージアム	4531-4446 品川区東五反田2-18-1 大崎フォレストビルディング1階 交通 JR・浅草線／五反田駅→8分	9時～17時 【休み】土日祝	無料 文明が誕生してからの容器の関わりから、最新の容器包装まで、その歴史や技術、工夫をクイズやゲーム形式で分かりやすく紹介する。	9C4
横山大観記念館	3821-1017 台東区池之端1-4-24 交通 千代田線／湯島駅→7分、銀座線／上野広小路駅→12分、大江戸線／上野御徒町駅→12分、JR／上野駅→15分、京成線／京成上野駅→15分	10時～16時(入館15時半まで) 【休み】月・火・水曜(月曜日が水曜の場合は開館)、夏期冬期休館あり	一般800・高中650・小300円	39 7B3
読売新聞東京本社	6739-5878 千代田区大手町1-7-1 交通 丸ノ内線・東西線・千代田線・半蔵門線・三田線／大手町駅→6分	通常見学は10時半～、14時～の1日2回【休み】土日祝	要予約。詳細は本文参照	22 7B4
六義園	3941-2222 文京区本駒込6-16-3 交通 JR・南北線／駒込駅→7分、三田線／千石駅→10分	9時～17時 【休み】無休	中学生以上300・小学生以下無料 都内在住・在学の中学生は無料	58 7A2
両国花火資料館	5637-7551(両国観光案内所) 墨田区両国2-10-8 住友不動産両国ビル1F 交通 大江戸線／両国駅→12分	12時～16時 【休み】月火水曜(ただし7・8月は毎日開館)	無料 江戸の花火の歴史から現代の花火の模型などを展示し、様子をビデオを使って説明している。	- 8A4
ルミネtheよしもと	0570-550-100(公演による) 新宿区新宿3-38-2 ルミネ新宿店2(7F) 交通 JR・丸ノ内線・副都心線／新宿駅→1分、新宿線／新宿駅→1分	公演45分～21時半(ただし公演による)	(料金)公演により異なる。吉本興業に所属するタレントが日替わりで出演。吉本新喜劇が、東京ならではのメンバーで楽しめる。	50 6B4
レインボーブリッジ(遊歩道)	5463-0223(東京港管理事務所) 港区台場 交通 ゆりかもめ／芝浦ふ頭駅→5分・お台場海浜公園駅→5分	9時～21時(11～3月は10時～18時) 【休み】第3月曜(祝日の場合翌日)、悪天時は休み	無料	78 10B4
レゴランド・ディスカバリー・センター東京	0800-100-5346 港区台場1-6-1デックス東京ビーチ アイランドモール 交通 ゆりかもめ／お台場海浜公園駅→2分、りんかい線／東京テレポート駅→5分	10時～18時(時期により異なる) 【休み】不定休 【所要時間】240分	窓口販売 3才以上2800円 オンライン前売りチケットなどは割り引きが受けられる。詳しくはHPへ。大人(16歳以上)のみの入場は不可	79 10C4
レッドトーキョータワー	0120-210-519 港区芝公園4-2-8 TOKYO TOWERフットタウン内1F,3F-5F 交通 大江戸線／赤羽橋駅(赤羽橋口→5分)、日比谷線／神谷町駅(1→7分)、三田線／御成門駅(A1→6分)	10時～22時 【休み】無休	大人2700・大高2100・中小1200円(「RED」パスポート)窓口購入・平日) 大人3400・大高2800・中小1700円(「RED」パスポート)窓口購入・土日ハイシーズン)	27 10A2
蘆花恒春園(ろか)	3302-5016 世田谷区粕谷1-20-1 交通 京王線／芦花公園駅→15分・八幡山駅→15分	9時～16時(蘆花記念館)	無料 明治から大正にかけて「不如帰」「自然と人生」などの名作を著した徳富蘆花の旧宅のある園区域。	4C1
六本木ヒルズ	6406-6000 港区六本木6-10-1 交通 日比谷線・大江戸線／六本木駅(直結)、南北線／麻布十番駅	入館自由 【休み】店舗、施設により異なる	店舗	30 9C2
早稲田大学會津八一記念博物館	5286-3835 新宿区西早稲田1-6-1 交通 東西線／早稲田駅→5分、JR／高田馬場駅→20分、東西線・都電荒川線／早稲田駅→5分	10時～17時 【休み】水曜、大学が定めた休日、8月,2月	無料 會津八一が構想した早稲田大学創立以来の美術品や考古・民族学資料や大学史資料などを展示・公開。	6C3
早稲田大学坪内博士記念演劇博物館	5286-1829 新宿区西早稲田1-6-1早稲田大学内 交通 JR／高田馬場駅→20分、東西線・都電荒川線／早稲田駅→5分	10～17時(火・金は～19時) 【休み】土日祝・他(WEB参照)	無料(企画展は有料の場合あり) 古代から現代までの演劇に関する史料を常設展示するほか、企画展も行われる。	6C3

も
や
ゆ
よ
り
る
れ
ろ
わ

交通問合せ先

東京都交通局 都営交通インフォメーションセンター	03-3816-5700(9時〜20時・年中無休) (都電・都バス・都営地下鉄の運賃・時刻・忘れ物・ルートなど)
東京地下鉄株式会社(東京メトロ) 東京メトロお客様センター	0570-200-222(9時〜17時・年中無休) (東京メトロの乗車券・発車時刻・目的地までの行き方など) 0570-033-555(忘れ物)
JR東日本　JR東日本お問い合わせセンター	050-2016-1600(6時〜24時)(列車時刻、運賃・料金、空席情報など) 050-2016-1601(忘れ物)
ゆりかもめ　お客さまセンター	03-3529-7221(9時〜17時) 03-3533-5911(豊洲駅・忘れ物)
東京モノレール　お客さまセンター	050-2016-1640(9時〜20時　土日祝・年末年始は〜18時)
東京臨海高速鉄道（りんかい線）	03-3527-6785(運輸部)(9時〜17時　平日)発車時刻・電車の運行など。忘れ物は各駅
京王電鉄　お客さまセンター	042-357-6161(9時〜18時)　03-3325-6644(忘れ物)
小田急電鉄　小田急お客様センター	044-299-8200(9時〜17時　年末年始を除き無休)(小田急に対するご意見・ご要望や、時刻・運賃・忘れ物など)
東京急行　東急お客さまセンター	03-3477-0109(9時〜17時)
東武鉄道　お客さまセンター	03-5962-0102(9時〜18時　年末年始を除き無休)
京浜急行電鉄　ご案内センター	03-5789-8686・045-225-9696(9時〜17時)
京成電鉄　京成お客様ダイヤル	0570-081-160（12時〜19時）忘れ物当日は各駅
西武鉄道　西武鉄道お客さまセンター	04-2996-2888（9時〜17時　年末年始を除き無休）

あとがき

　本書は、東京の交通アクセスを中心とした〈のりもの案内〉の当社刊『乗る&歩く東京編』の姉妹版として「見学・体験出来る文化施設、拝観できる社寺、楽しみなアミューズメント施設、最新・流行のスポット」等を豊富に収録した〈散策&観賞編〉です。

　地図で目的物件の位置を示すとともに、"むかしの江戸"と"いまのTOKYO"を満喫いただけるよう、240ヶ所余りの物件を豊富な写真と共に解説しています。さらに、巻末の『拝観・見学施設一覧』約150ヶ所余りを加えた約400ヶ所の観光データを表示しています。ご利用の皆様のTOKYOが、素敵な一日になるよう願っております。

　最後になりましたが、本書編集に際し、拝観・見学関連施設様等には発行趣旨をご理解いただき、各種資料・写真のご提供、ご協力を賜りました。ご厚情に厚く御礼申し上げます。

※本誌は、2023年3月現在判明分の資料に基づき編集した最新版です。
新型コロナウィルス感染症（COVID-19）の影響で見学方法や時間などを臨時に変更している施設が多数ございます。ご注意下さい。
本書掲載の地図は、国土地理院発行の地形図をもとに作成いたしました。

東京見学・体験スポットガイド
散策&観賞　東京編　最新版　定価759円（本体690円＋税10%）

2023年5月5日　第1版第1刷発行
発行人　橋本良郎
発行所　株式会社ユニプラン
〒601-8213　京都市南区久世中久世町1丁目76
TEL.075-934-0003　FAX.075-934-9990
振替口座　01030-3-23387
編集スタッフ　橋本豪　ユニプラン編集部
制作スタッフ　岩崎宏
印刷所　株式会社プリントパック

ISBN978-4-89704-575-7　C2026